课程育人新坐标丛书　　高峰　杨四耕　丛书主编

童味园课程

这里有最难忘的童年

马要青◎主编

华东师范大学出版社

·上海·

图书在版编目(CIP)数据

童味园课程:这里有最难忘的童年/马要青主编.
—上海:华东师范大学出版社,2023
(课程育人新坐标丛书)
ISBN 978-7-5760-3846-0

Ⅰ.①童…　Ⅱ.①马…　Ⅲ.①幼儿园-课程-教学研
究　Ⅳ.①G612

中国国家版本馆 CIP 数据核字(2023)第 093365 号

课程育人新坐标丛书

童味园课程:这里有最难忘的童年

丛书主编　高　峰　杨四耕
主　　编　马要青
责任编辑　刘　佳
项目编辑　林青荻
特约审读　严　婧
责任校对　郑海兰　时东明
装帧设计　卢晓红

出版发行　华东师范大学出版社
社　　址　上海市中山北路 3663 号　邮编 200062
网　　址　www.ecnupress.com.cn
电　　话　021-60821666　行政传真 021-62572105
客服电话　021-62865537　门市(邮购)电话 021-62869887
地　　址　上海市中山北路 3663 号华东师范大学校内先锋路口
网　　店　http://hdsdcbs.tmall.com

印 刷 者　杭州名典古籍印务有限公司
开　　本　787 毫米×1092 毫米　1/16
印　　张　17.25
字　　数　141 千字
版　　次　2023 年 7 月第 1 版
印　　次　2023 年 7 月第 1 次
书　　号　ISBN 978-7-5760-3846-0
定　　价　56.00 元

出 版 人　王　焰

(如发现本版图书有印订质量问题,请寄回本社客服中心调换或电话 021-62865537 联系)

丛书总序

课程是生成性过程,课程变革需要激活包括教师和学生在内的课程实践过程,回归课程的生成性品格。课程的生成性品格客观上要求我们关注课程管理的生成性过程,彰显课程管理的过程性、境遇性、关系性和创造性。课程育人是不断生成的过程,它聚于目标、起于问题、成于制度、归于文化。

美国管理学大师彼得·德鲁克在《管理的实践》一书中指出:我们并不是有了工作才有目标,而是相反,有了目标才能确定每个人的工作。[①]他提醒:组织一定要当心"活动陷阱",不能只顾拉车不抬头看路,最终忘了自己的目标。泰勒指出:课程研制必须关注确定基本目标、选择学习经验、组织学习经验和评价学习结果等连续循环的过程。[②] 按照怀特海的观点:过程是终极范畴,现实存在的"存在"是由其"生成"所构成的。[③] 因此,目标是生成的,具有过程属性。我们必须用生成性过程观看待泰勒的课程研制原理,深刻理解"目标——内容——经验——评价"这个"合生"过程,而不是原子化地将它们作机械割裂的理解。事实也应该如此,过程是有目标的过程,课程开发不是漫无目的的"撒野",育人目标是内生于课程之中的,课程是基于育人目标导引的连续生成过程。

在课程变革过程中,学校课程管理要按照全面发展的要求,确立育人目标,并基于此目标建构课程,以推进立德树人根本任务的实现。可现实情况是,我们很

---

① 邱国栋,王涛. 重新审视德鲁克的目标管理——一个后现代视角[J]. 学术月刊,2013,45(10):20—28.

② (美)拉尔夫·泰勒. 课程与教学的基本原理[M]. 施良方,译. 北京:人民教育出版社,1994:2.

③ (英)怀特海. 过程与实在:宇宙论研究(修订版)[M]. 杨富斌,译. 北京:中国人民大学出版社,2013:29.

多学校"有课程内容,无育人目标;有育人目标,无课程目标;有课程目标,无目标管理",由此造成了"课程离心化"倾向。在这些学校,课程不是为了育人,而是为了育分;不是为了育完整的人,而是为了育单向度的人。当然,这在本质上也取消了目标——人因此悄悄地消失了。

课程的价值实现要以人的发展为旨归,基于过程哲学的目标管理是在学校内部建立"过程——目标"合生体系,进而把所有人有机地联系起来,使集体力量得以发挥最佳。学校课程变革应基于理性精神之诉求,按照过程哲学指引下的目标管理要求,围绕育人目标的实现来推进课程育人过程。首先,确定学校育人目标。育人目标的确立必须依据全面发展的要求,结合学校课程理念,清晰地刻画育人图像。刻画的育人图像应符合全面发展的意涵与要求,五育融合,切合实际,与学生的心理年龄和发展阶段相适应,表述应通俗易懂、生动形象。其次,厘定学校课程目标。学校课程目标是育人目标的年段要求和具体表现,它可以对照国家课程方案的总体要求,并与学校的特定实际有机结合。最后,建构学校课程体系。基于课程目标,建构学校课程体系:横向上,要求对学校课程进行逻辑梳理与分类,搭建学校课程框架;纵向上,要求按照年级与学期时间序列匹配课程,形成支持目标实现的课程设置。可以说,学校课程体系的建构是目标导引的理性精神照耀学校课程变革的过程,体现了育人目标同课程目标的完美结合,展现了把课程作为"跑道"和将育人作为"奔跑"过程的有机结合。因为,"从关系和时间视域看,过程标志着现实存在之间的本质联系,标志着现实发生从过去经过现在流向未来"①。

由此观之,课程育人是充满人文情怀的目标驱动过程。学校应倡导团队成员通过他们自己的语言以及与社会互动来形成并宣传有关育人目标和课程目标的独特界定,用这样的独特界定来驱动学校课程管理,进而确证育人目标在课程内容的丰富和课程实施的活性上得到落实。如此,在课程建设过程中,目标管理可以使组织成员对自己的"育人身份"产生特殊的认同感,而这种认同感可以由他的专业眼光来定位,并在课程开发中形成育人的敏感性、共识性和自觉性。

不同的时代,有不同的育人主题;不同的学校,有不同的育人取向。当今时代

---

① 杨富斌,等.怀特海过程哲学研究[M].北京:中国人民大学出版社,2018:253.

的课程育人表现出有别于其他时代的鲜明特征,具有人本化育人、系统化育人和特色化育人等特点。学校课程深度变革必须回归教育初心,落实立德树人的根本任务。对中小学来说,课程改革必须全面理解课程改革的国家意志、提升课程自觉,创造性地提出课程育人的新理念、新思路和新方法,为学校课程治理现代化贡献力量。

"课程育人新坐标丛书"是郑州市管城回族自治区推进"品质课程"项目的成果。全区 20 所学校围绕课程品质提升,在学校课程变革方面积极探索,取得了可喜的成效。他们的实践证明:课程育人是一种理念,必须推进学校教育哲学的同步变革;课程育人是一种机制,必须重构学校课程系统的结构和功能;课程育人是一种行动,必须在文化建设、课程设计、路径激活和管理更新上下功夫。课程育人是回归教育初心的行动路径和实践方略,是课程的工具属性与价值属性的统一,是内容增值和路径创新的统一。

杨四耕

2023 年 2 月 11 日于上海市教育科学研究院

目录

每个儿童的身心都有无限潜能,适量的运动可以发展幼儿的平衡能力,提高幼儿动作的灵活性,发展移动性动作技能以及操控性动作技能,提高四肢的力量和耐力。在运动中,幼儿能够学习与人合作、相处、分享、助人和协商等技巧,还可以体验多种多样的情绪情感。运动游戏让儿童体会到生活中的挑战无处不在,慢慢地,儿童开始享受沉浸在一件事情的专注感,感受全力拼搏带来的酣畅淋漓感,这些都是比输赢更重要的体验,这种愉悦体验和自信勇敢的记忆将伴随着他们一生。

语言对于人类来讲,是个体表达自己思维、认知和心理过程的一种高级工具,与此同时,它也是一种高级神经活动形式。每个儿童都是小小演说家,他们总是喜欢在一起交流和讨论,会有说有笑,也会有"剑拔弩张"的紧张时刻,但这都是他们之间相互的学习与合作。在和谐共生的同伴群体中,语言的交流与沟通促进了情感的交流与联结,儿童合作学习也使同伴之间不同的经验、观念与想法得到有效生发。鼓励和支持儿童与成人、同伴之间的交流,为儿童创设自由、宽松的语言交往环境,让儿童在情境中体验想说、敢说、喜欢说,充分感受语言的魅力。

第三章　│　**和润社会:让儿童在潜移默化中获得发展**　/ 117

如何与别人交往是一门艺术,是件美好的事,与别人交往不在于风景多美多壮观,而是在于遇见了谁,被温暖了一下。希望有一天,儿童也成为一个小太阳,去温暖别人。儿童在生活中面对着复杂的人际关系和多变的社会情境,一方面需要接纳他人的角色,一方面又要决定自己合适的行为。所以,促进儿童社会能力发展的关键在于尽可能为他们提供人际交往和共同活动的机会与条件,并加以适时的指导。幼儿期是社会性和情感能力发展的关键时期,以培养良好社会品质为中心,重视幼儿自主、平等、关爱、诚信、友善、合作的素养培养。在这里,幼儿体验着真实社会生活,在合作与交往中促进幼儿社会性品质发展,提升幼儿的幸福感和成就动机。

第四章　│　**探秘科学:带领儿童寻找世界的秘密**　/ 169

每个儿童都是小小科学家。儿童的探究精神是一种心理倾向,具有探究精神的儿童能在未来的学习和生活中自觉地进行尝试并克服困难。我们认为,探究是让孩子的学习从浅层次的体验走向深度学习的重要途径。儿童科学教育着眼于创造条件让儿童广泛接触各种具体实物或模型,鼓励儿童通过观察、触摸等方式去探究、去发现新事物,让儿童在科学学习中形成受益终身的学习态度和能力。在儿童的心中种下科学的种子,从而发现更多关于科学的秘密。

第五章 ｜ 趣美艺术：让儿童感受生活的美好 / 217

每一个生命存在,都应该重视日常生活的审美与艺术生活的审美,这就要求人的生命活动不能过于拘谨,对于儿童来说,就是使其多参与游戏活动。儿童富有想象力与创造力,想象力比知识更重要,因为知识是有限的,而想象概括了世界上的一切。想象力和创造力都是学习品质的重要组成部分,而孩子们天生具有丰富的想象力和创造力。以儿童美育发展为核心,引导儿童学会发现与感受自然界与生活中美的事物,让儿童欣赏多种艺术形式和作品,萌发对美的感受和体验;鼓励和支持儿童自发的艺术表现和创造,培养初步的艺术表现能力与创造能力。

童味，在一个美好的地方

　　走进不同的园所，其所承载的文化历史传统、积淀的文化特色底蕴和流动的多元文化信息，都是不同的，但这些才是切切实实育人的真正力量。要真正理解一所幼儿园的"灵魂"，就必须了解它的过去和现在，以及那些奉献出青春与热血的人们对未来的梦想。这对一所历史长达60余年的幼儿园来说，更是如此。郑州市管城回族区回族幼儿园，这所有着60余年办园历史的幼儿园，一直对管城幼儿教育产生着积极的影响。它是中华人民共和国成立后教育部门首批新办的幼儿园之一，无论在全国的幼儿教育历史还是本地区的教育历史中，都有着不可忽视的地位。

一、描绘发展蓝图，提供充足发展动力

　　回族幼儿园于1995年首批进入郑州市一级幼儿园行列；2012年被破格评为河南省示范性幼儿园；2019年，幼儿园完成了管城回族区首个集团化办园，办园规模上形成了一园四址的发展格局。管城回族区第一个幼儿教育工作室在回族幼儿园成立，工作室的成员来自管城区各个幼儿园的业务精英，在共同开展的活动和教学研究中有很大的辐射和引领作用。2021年，幼儿园的幼儿教育工作室成为郑州市首批30个领航园园长工作室之一，该工作室共有13所共建幼儿园，相互间实现优质资源共享，充分发挥了辐射引领作用。

　　课程应该是有生命力的，是鲜活的。幼儿园的课程发展与幼儿园的教育价值和理念有密切关系，用鲜活的、具有生命力的课程愿景描绘幼儿园教育价值的发展蓝图，可以给全体教师提供发展的动力。我们从多年的文化积淀中提取了我们

的教育哲学和教育信条，并基于教育哲学和教育信条总结了我们的办园理念，概括了我们的课程理念和课程目标，最终形成了我们的"童味园"课程。

回族幼儿园历来重视办园理念对幼儿园发展的重大意义。1995年，幼儿园提出了"特色办园，特色发展"的办园思想。2012年，回族幼儿园开始以"在这里，孩子的利益高于一切"为理念。2018年，随着国内外先进教育理念的大量涌进，我们的教育观念和办园理念也在发生变化。马要青园长提出了"童年漫漫，回味满满"的理念，始终坚守"真正关注幼儿生命发展"的价值观，致力于让幼儿教育回归传统和本真。当然，幼儿园课程的开发与实践整体上是一个持续发展、不断优化的动态过程，所以直到今天，我们仍在努力优化它。

我园的教育哲学是童味教育。童年是记忆中最灿烂、最美好的一段时光，轻松、快乐、无忧无虑。童味是一种美好的感觉，是一种积极的体会，是一种难忘的记忆。童年的味道给人以希望，让人无尽憧憬；给人以渴望，让人无限回味。童味教育就是站在儿童生命成长的场景中，站在儿童的立场，把成长的权利还给孩子，呵护孩子的童心，尊重孩子的天性；童味教育就是要了解儿童年龄的心理和生理特点，接纳儿童的情感需求和个体差异，认同儿童独特的学习方式，敬畏儿童与生俱来的潜力和需要，使每一个孩子的天性和与生俱来的能力得到健康生长；童味教育就是让每一个孩子都拥有应有的天真，让每一个孩子真正像孩子一样生活；童味教育就是相信每一个孩子都有自己的秘密，每一个孩子都是一个宝藏；童味教育就是相信每一个孩子都是一个奇迹，每一个孩子都会潜能无限。

我们尊重教师个人在团队中的智慧，但同时也非常注重教师共同体的交流性和共建性。教师们以共同的志趣与学习意愿组成共同体，尊重群体中各自的差异，彼此之间自由交流与对话，分享彼此的幼儿教育经验，相互支持、共同努力，从而促进自己和同伴的专业发展。我们肩负历史使命，同时也明确自己的人生追求，以坚定的信念和积极的心态投入幼儿教育事业中，来完成神圣的使命。

有人说，推动摇篮的手正在推动整个世界。幼儿阶段的有效教育对一个人一生的能力发展都具有决定性的提升作用，幼儿教育必须从时代和世界的角度来整体思考。"在美好的地方，做美好的儿童"，实施科学的保育和教育，让幼儿度过快乐而有意义的童年。

我们坚信，

教育即生长；

我们坚信，

每一个孩子都是一个奇迹；

我们坚信，

爱的教育才是真正的教育；

我们坚信，

童年是人生最宝贵的精神资源；

我们坚信，

优秀教师总会知道儿童的秘密；

我们坚信，

走进童心世界和孩子们共同成长；

我们坚信，

幼儿园里有孩子们最美好的记忆。

基于上述教育哲学，我们提出了幼儿园的办园理念：童年漫漫，回味满满。

我园依据《幼儿园工作规程》《幼儿园教育指导纲要》《3—6岁儿童学习与发展指南》为指导，以园本课程和特色课程为基础，以活动为源、以质量为基，培养德智体美劳全面发展的幼儿，建立具有"童味"教育特色的品牌幼儿园。基于此，我园提出了"这里，有孩子们最难忘的童年"的课程理念。其具体内涵如下：

——课程即生命场景。我们始终坚守"真正关注幼儿生命发展"的价值观，不但要关注生命本身，而且要关注生命主体以及关注幼儿生命质量。尤其是孩子们的思想和需求，致力于让幼儿教育回归传统和本真。

——课程即儿童立场。每个幼儿都有自己"独一无二"的特性，"童味园课程"的目标需要与幼儿身心发展的需要和个性发展规律相和谐，尊重幼儿的身心发展特点，尊重幼儿的差异性以及关注幼儿生命质量，从而使"童味园课程"目标可以真正起到促进每个幼儿德智体美劳全面发展的作用。

——课程即温馨记忆。"童味园课程"致力于让幼儿快乐、自在和健康地度过在幼儿园的每一天。"童味园课程"就如同一颗细小的种子，每一个踏入这里的孩子,从第一天开始就在心里种下了这颗小小的种子。未来,这颗小小的种子将在他们心里发芽、开花和结果。

——课程即内在生长。尊重儿童自己的兴趣和需要,满足幼儿强烈的好奇心和求知欲,为幼儿提供丰富的活动和环境,让幼儿在与环境的互动中主动建构知识。"童味园课程"就是为幼儿营造一个健康和谐的、可以自主学习探究的精神环境和物质环境,通过不断启发幼儿的自发活动和创造力,力求使之成为一个不断发展着的儿童。

因此,我们将幼儿园的课程模式定为"童味园课程",让孩子们在课程的滋养下挖掘自身优势,体验快乐,全面发展。

二、架构课程体系,初步形成童味教育

在"童味园课程"构建的过程中,我们不断思考:什么才是真正有意义、不可或缺的课程内容?在"童味教育"的教育哲学引领下,我们提出了"童味漫漫,回味满满"的办园理念和"这里,有孩子们最难忘的童年"的课程理念,并围绕《幼儿园教育指导纲要》《3—6岁儿童学习与发展指南》以及《关于深化课程改革,落实立德树人根本任务的意见》总体框架等文件精神,研制了我园"童味园课程"。

"童味园课程"是整合园本课程和特色课程这两类课程构建的,包括跃动健康课程(体育与健康类)、绘声语言课程(语言与交流类)、和润社会课程(自我与社会类)、探秘科学课程(科学探索与逻辑类)、趣美艺术课程(艺术与审美类)五大类课程。(见图1)

三、关注内容来源,生活学习不可分割

课程是幼儿在幼儿园教育环境中进行的,旨在促进幼儿身心全面和谐发展的各种活动的总和。幼儿园课程内容应符合幼儿发展的特点和需要,应与周围的生活紧密联系。要结合幼儿发展的实际,从幼儿的需要和兴趣出发,关注不同发展领域的关键经验,有针对性地确定课程内容。幼儿园课程最重要的任务在于培养儿童健全的人格和健康的心理,而不是仅仅成为身体健康、能记忆很多知识的人。

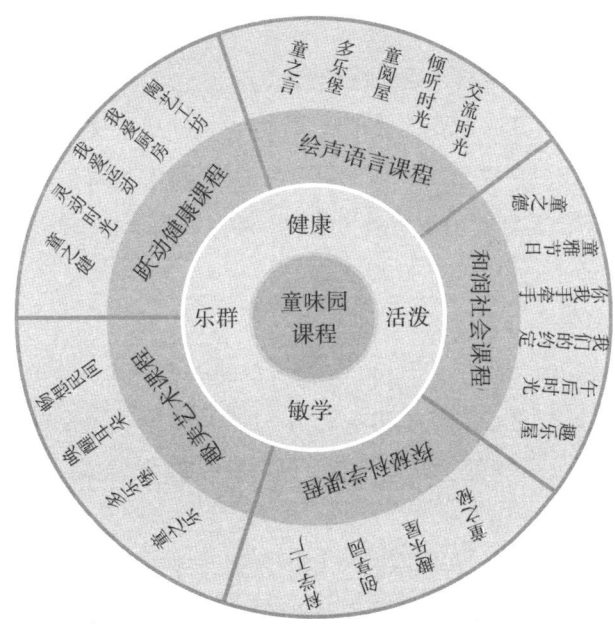

图 1 "童味园课程"结构图

为了更好地建构"童味园课程"的内容,我们将从以下几个方面着手。

（一）课程内容有据可依

在选择课程内容时,我们根据《3—6 岁儿童学习与发展指南》的要求,关注幼儿学习与发展的整体性,尊重幼儿发展的个体差异,理解儿童的学习方式和特点,重视儿童的学习品质,有目的、有计划地选取课程内容。

（二）课程内容来源于教材

我们精心从课程资源库选取了适合幼儿年龄特点,并有助于幼儿发展的教学活动,最后以每两个月一个主题的形式呈现。

（三）课程内容来源于儿童的需要

幼儿的身心发展规律和水平是课程内容选择时需要重点把握的,要关注幼儿的活动过程,让课程能满足幼儿发展的需要,更能促进幼儿发展。

（四）预设内容与生成内容有机结合

教师预设了大部分的课程内容,缺少在幼儿活动中的突发事件、幼儿的其他兴趣、教育契机等有益于幼儿发展的方向上的延续和拓展。生成的课程内容,可以是幼儿自己生成的,或者师幼共同生成的,或者是教师根据活动或幼儿的发展而生成的。

（五）环境创设与课程内容互相配合

环境也是课程内容的重要组成部分,环境不是一成不变的,它可以根据幼儿与教师的需要而改变。要重视环境的教学功能,环境和教师一样,对幼儿发展和学习起促进作用,但是环境的作用是间接的。幼儿园的室内外环境创设要围绕主题内容进行,并随主题内容的变化而变化。

（六）课程内容与家庭资源互相整合

家庭也是教育的重要组成部分,有着丰富的教育资源。要充分挖掘家庭资源,做好家园共育,幼儿园和家庭形成合力,使课程内容不再仅仅局限于幼儿园,真正做到家园联动,共同促进幼儿发展。基于此,我们五大领域的课程内容设置如下:

——跃动健康课程:跃动健康课程基于健康领域对幼儿发展的价值,我们围绕《指南》中幼儿的身心状况、动作发展、生活习惯与生活能力等方面,设置了相关课程。从幼儿的身体健康角度出发,我们又设置了户外大循环、体智能活动。

——绘声语言课程:绘声语言课程基于语言领域对幼儿语言学习与发展的目标,从倾听与表达、阅读与书写准备两方面,丰富幼儿语言表达能力,培养其阅读兴趣和良好的阅读习惯,并进一步拓展学习经验,为幼儿创造无所不在的语言教育环境。

——和润社会课程:和润社会课程是基于社会领域对幼儿社会性不断加以完善及奠定健全人格的要求,以发展幼儿的社会性为目标,以增进幼儿的社会认知、激发幼儿的社会情感、引导幼儿的社会行为为主要内容,从人际交往和社会适应这两大方面着手来设置的。

——探秘科学课程:探秘科学的价值取向不再是注重静态知识的传递,而是以注重幼儿的情感态度和幼儿探究解决问题的能力、与他人及环境的积极交流与和谐共处为目标,课程内容从科学探究和数学认知两大方面让幼儿在探究具体事物和解决实际问题中,尝试发现事物之间的异同和联系,并为其他领域的深入学习奠定基础。

——趣美艺术课程:趣美艺术课程从艺术活动对幼儿发展的价值和艺术自身的特质,设置了课程的内容结构,引导幼儿学会用心灵去感受和发现美,用自己的方式去表现和创造美,我们坚信,每个幼儿心里都有一颗美的种子。

四、以儿童为中心,课程真正为幼儿发展服务

幼儿园之前的课程实施更多的是教师对现有课程资源的执行,课程资源在所有主题开始前就已经被全部预设好了,教师只要根据活动进程实施就可以了。但是,幼儿在主题探索过程中常常生发出的一些新兴趣就被教师忽略了。坚持以幼儿中心的理念有利于发展幼儿的个性,最大程度地激发幼儿学习的潜能和促进幼儿的自主能力发展。不能只是把"以幼儿为中心"的口号喊得很响亮,而是要真正地走进幼儿,让课程真正地为幼儿服务。

(一) 关注幼儿实际兴趣、需求

教师的课程实施思路应该以尊重幼儿的兴趣、需要为核心动态生成。将幼儿感兴趣的事物作为课程的切入点,尽可能地尊重幼儿的真实意愿,组织幼儿在直接感知、实践操作、亲身体验的过程中,了解周围生活环境的人、事、物,发现生活的秘密。

(二) "教师教"转为"幼儿学"

在之前的课程实施过程中,虽然根据《指南》强调幼儿核心经验的获得,但是教师在教学活动中对幼儿获得经验的过程关注较少,更多的还是按图索骥,按照学案上的过程实施课程。游戏精神没得到真正的落实。

(三) 关注幼儿的学习方式和特点

幼儿的学习是幼儿通过动手操作而获取经验的过程,是受幼儿的需要和兴趣驱动,主动地与周围的环境相互作用的过程。幼儿是学习的主体,离开了幼儿的活动,就不能获得经验。与被动地接受知识不同,在"童味园"课程中,幼儿是主动的活动者,幼儿在主动的活动中获得经验,实现自己的生长和发展。

五、丰富实施途径,一日生活皆为课程

幼儿园课程的主要活动形式是游戏活动,但是真正在实施课程的时候却更多地成为了"教育活动",即教师们普遍认为课程就是集体教学活动。《3—6岁儿童

学习与发展指南》指出："幼儿的学习是以直接经验为基础,在游戏和日常生活中进行的。要珍视游戏和生活的独特价值。"幼儿园认真思考了一日生活中的教育契机,打破课程之间的壁垒,从而找到课程要素与幼儿一日生活之间的内在联系。从"童趣课堂""童乐游戏""童馨生活""童跃运动""童画乐园""童雅节日"六方面入手践行"童味教育""健康、活泼、敏学、乐群"的育人目标,实施"童味园课程"。课程评价是引领"童味园课程"开发的启明星,是把握五大领域课程设计的风向标。课程的实施与评价体现了对课程理念的贯彻与执行,是通过课程行动将课程的意识形态转化为教师和幼儿的行动,从而实现课程内在的意义的行动过程。

（一）建设"童趣课堂",提升保教质量

课堂是幼儿学习的主要场所,也是教师育人的主要渠道。"童趣课堂"是指以"童味园课程"为基础,让孩子在活动中真正参与,从而让教师能够走进孩子内心的课堂。"童趣课堂"设计了丰富多彩的活动形式,例如通过故事引导、情景模拟、体验模仿、实物感知等多方面来激荡幼儿思维,丰盈幼儿心灵,触动幼儿灵魂,保障幼儿健康、快乐成长。课堂将充满童趣,荡漾着童心。

创设"童趣课堂",我们将以紧扣童趣、突出童真、追随童思、引发童爱、呵护童心五个方面的意涵来实际操作,选择切合幼儿发展的需要,以游戏为手段,充分发挥幼儿的主体地位,激发幼儿的兴趣点,使其在教育情境中与同伴和教师合作互动来获得发展。

（二）设计"童乐游戏",活跃学习氛围

"童乐游戏"强调的是顺应幼儿的自然发展,强调的是"过程""自我表现"和幼儿自主的活动,是以幼儿的快乐和满足为目的,把游戏的主导权交给孩子,让幼儿乐在其中,乐此不疲。

"童乐游戏"是幼儿乐于参与的游戏。在"童乐游戏"中,幼儿有权自由选择,活动的形式和方法由幼儿来决定,幼儿的能力可以与活动难度相匹配,在游戏以外不存在任何惩罚,是幼儿喜欢的、积极主动的、具有创造性的活动,让幼儿在游戏中得到满足。

"童乐游戏"是幼儿乐此不疲的游戏。幼儿在这种无拘束、充分自在的、有趣的活动中,没有任何外来的心理压力,可以通过自己的努力获得成就感和美感,消除消极情绪,产生积极情绪,从而变得更加乐观、自信、活泼开朗。同样,积极健康的情感也会让幼儿充满激情地投入游戏,在游戏中不断创新,乐趣无穷。

(三) 推行"童馨生活",浸润幼儿心灵

"童馨生活"的课程来源于幼儿的生活世界,活动贯穿幼儿一日生活的始终。在生活活动中,帮助幼儿习得良好的生活习惯,发展生活自理能力及其交往能力。科学有序的生活活动对培养幼儿的自理能力和幼儿身心发展起到重要作用。

在创设"童馨生活"时,我们通过倾听时光、唤醒耳朵、交流时光、午后时光、我们的约定、你我手拉手六个方面的路径来实际操作,让幼儿在活动中充分体验,积累经验,并得到发展。

(四) 推行"童跃运动",发展幼儿体质

游戏是幼儿获取知识的源泉,让幼儿在玩中学,在游戏中获得发展,是我们开展各项活动的宗旨。游戏是幼儿的生命,幼儿爱游戏,尤其喜爱户外游戏。户外是一个开阔的天地,在户外,幼儿会自然地玩,自然地成长,自然地获得各方面的发展。根据《指南》要求,我们把《指南》所倡导的先进教育理念和科学教育方法落到实处,将幼儿户外游戏联系到我园的教学实践中,以教科研实验来提高幼儿户外游戏质量,使幼儿全面提高,健康成长。

我园的体能活动遵循儿童的身心发展规律,为幼儿建立科学合理的运动生活,在充分满足幼儿的身体发展需求的同时,丰富幼儿的活动内容。通过我爱运动、游戏乐园、灵动时光三个板块的设计,满足幼儿的健康目标。

(五) 做活"童画乐园",激活园所环境

园所环境是无形的教育,是幼儿园内看得见的文化形态,对园内每一个成员都起着潜移默化的熏陶和启迪的作用。我们充分挖掘园所文化中的"童画乐园",开发落实园所文化环境课程。

我们从提升幼儿的心灵品质出发,挖掘幼儿园乐享园、畅享园、创享园等处的资源,开发建设"童画乐园"的园所环境课程,让童画融入园所的各个角落,让每一寸空间都发挥它的教育价值。同时,用活课程资源,开展丰富多彩的活动。

(六) 创设"童雅节日",感受生活美好

"童雅节日"以幼儿的童年生活为本,借助幼儿园、社会和家庭资源,结合当前节日,通过多种活动方式帮助幼儿了解不同节日的风俗习惯和节日文化,促进幼儿的全面发展。引导幼儿关注生活,增强生活仪式感。遵循"以幼儿为本"的课程

观,让幼儿成为课程的主人。

我园以传统节日、社会节日和园所特色节日为纽带,丰富园所文化,让幼儿感受不同的节日氛围,熏陶高雅情趣,以节日文化滋润童心,促进幼儿健康发展。

总之,我们的"童味园课程"将全面贯彻"童味教育"的教育哲学,立志实现"这里,有孩子们最难忘的童年"的课程理念。"童味园课程"的大幕已拉开,"童味园课程"的蓝图已描绘,我们坚信在"童味教育"的影响下,一批批"健康、活泼、敏学、乐群"的"快乐幼儿"正在茁壮成长!

第一章
跃动健康：唤醒儿童身心潜能

　　每个儿童的身心都有无限潜能，适量的运动可以发展幼儿的平衡能力，提高幼儿动作的灵活性，发展移动性动作技能以及操控性动作技能，提高四肢的力量和耐力。在运动中，幼儿能够学习与人合作、相处、分享、助人和协商等技巧，还可以体验多种多样的情绪情感。运动游戏让儿童体会到生活中的挑战无处不在，慢慢地，儿童开始享受沉浸在一件事情的专注感，感受全力拼搏带来的酣畅淋漓感，这些都是比输赢更重要的体验，这种愉悦体验和自信勇敢的记忆将伴随着他们一生。

郑州市管城回族区回族幼儿园健康课程教研组共有教师 14 人，其中，省、市、区骨干教师 6 人，平均年龄 25 岁，她们充满活力、积极奋进、潜心精研。为进一步推进健康领域课程建设，我们秉承"唤醒儿童身心潜能"的理念，充分发挥团队合力，坚持不断研究、探索幼儿园健康领域的各项活动，制定了我园的健康领域课程建设方案。为了进一步打造我园特色，优化健康活动，提高幼儿身体素质，促进身心和谐发展，我们依据《3—6 岁儿童学习与发展指南》，不断探索具有本园特色的健康活动模式，推进健康领域课程群建设，成果显著。

第一节　满足儿童内在生长

一、领域课程性质

《3—6岁儿童学习与发展指南》中明确指出："发育良好的身体、愉快的情绪、强健的体质、协调的动作、良好的生活习惯和基本的生活能力是幼儿身心健康的重要标志，也是其他领域学习和发展的基础。"

3—6岁的幼儿正处于身体和心理发育与发展的最初阶段和重要时期，维护和促进幼儿的健康是第一位的，也是最为重要的。一个健康的幼儿，应该是身心发展都处于健康状态之中的。基于这种认识，我们认为唤醒幼儿的身心潜能是健康领域课程的核心。《3—6岁儿童学习与发展指南》将幼儿园五大领域中的健康领域放在首位，表明了健康领域在幼儿学习与发展中的重要地位，即幼儿在健康领域的学习与发展是其他领域学习与发展的基础。为了保证和促进幼儿的健康成长，幼儿园初步架构了健康领域课程体系。幼儿在健康领域的学习与发展，对于个体而言，是幼儿身体和心理发育与健康发展的需要，是实现幼儿全面和谐发展的基础，同时也能为其一生的健康打下良好的基础。

总之，健康领域课程的学习是为了促进幼儿身心健康的发展，我们应该把保护幼儿的生命安全和促进幼儿的健康放在首要位置，引导幼儿保持良好的情绪状态，利用多种活动发展幼儿动作的协调，并且引导其养成良好的生活习惯。

二、领域课程理念

基于上述认识，我们将健康领域课程的理念定位为"跃动健康"，其核心理念是"唤醒身心潜能"。对教育者而言，健康教育是为幼儿提供有计划的学习经验的过程，旨在提高幼儿对健康的认识水平，改善幼儿对群体和个体健康的态度，培养幼儿有益于个人、社会、民族健康的行为方式和习惯。

《3—6岁儿童学习与发展指南》中指出："幼儿阶段是儿童身体发育和机能发展极为迅速的时期，也是形成安全感和乐观态度的重要阶段。"我们将关注和促进幼儿的身心健康放在首位。我们相信,每个幼儿的身心都有无限潜能。因此,我们为幼儿提供良好的物质环境和精神环境,满足其内在生长需要;尊重幼儿是独立的个体,教师充分帮助幼儿发展基本生活能力,养成良好的生活习惯,提高自我保护能力,从而达到身心健康协同发展。

"跃动健康"是促进身体协调发展的健康。包括发育良好的身体、强健的身体素质、协调的动作。我们通过创设丰富有趣的游戏化情境,引导幼儿在游戏中主动调动身体各个部位锻炼,从而促进身体动作的发展。

"跃动健康"是滋养幼儿心灵的健康。我们创设健康、科学的体验式活动,引导幼儿自主参与,从而获取直接经验,促进幼儿心理健康发展。

"跃动健康"是养成良好生活习惯和能力的健康。我们结合"生活即课程"的理念,从生活入手,将课程与生活融合,让幼儿在"直接感知""实际操作""亲身体验"中逐渐习得知识与能力。

总之,"跃动健康"课程的建设通过各种健康教育活动向幼儿传授健康和卫生的基本科学知识,使幼儿初步建立现代健康的观念,懂得珍惜生命、热爱生活,以科学的方法预防疾病的发生等,维护自己和他人的身心健康。

第二节　激发儿童成长动力

《3—6岁儿童学习与发展指南》中指出："健康是指人在身体、心理和社会适应方面的良好状态。"成人要为幼儿提供丰富的健康知识和身心健康发展的方法，使其提高自我保护能力，增强身体素质，形成健康的行为，身心和谐发展。

一、领域课程总体目标

为了有效促进幼儿身心健康发展，我们根据幼儿身心发展的特点，设计了"跃动健康"课程，目的在于帮助幼儿养成良好的生活习惯和基本的生活能力，也为其他领域的学习与发展奠定良好的基础。根据幼儿园健康领域的育人目标，幼儿园设计了"跃动健康"的整体目标："适应幼儿园的生活，情绪稳定；生活、卫生习惯良好，有基本的生活自理能力；有初步的安全和健康知识，知道关心和保护自己；喜欢参加体育活动。"

"跃动健康"总目标是3—6岁幼儿发展阶段的所有活动的宗旨，也是其他层级健康活动的有力抓手。结合健康领域的发展规划，依据《3—6岁儿童学习与发展指南》的要求及幼儿的身心状况、动作发展、生活习惯与生活能力三个方面的需要，提出了符合幼儿发展的健康领域总目标：让幼儿在一日生活的健康活动中，保持健康的体态；能用合适的方式排解不良情绪，保持情绪的安定愉快；能够适应自然环境和人文生活环境的变化；能让幼儿通过各种体育活动、游戏，具有一定的平衡能力、稳定性、敏感度，具有符合该年龄段的力量和耐力，做到手部动作的灵活、协调；能让幼儿通过多种形式的活动，养成良好的生活习惯，在教师的指导下，学习和掌握生活自理的基本方法；有安全意识，掌握一定的安全知识，具有初步的自我保护能力。

二、领域课程年段目标

《3—6岁儿童学习与发展指南》中指出："幼儿的发展是一个持续、渐进的过程,同时也表现出一定的阶段性特征。"幼儿园健康领域的课程包含"身体健康""心理健康"两部分内容。根据幼儿不同年龄段的发展需求,设置了健康领域课程各年龄段的分目标(详见表1-1)。

表1-1 "跃动健康"领域课程群年龄段目标

年龄段	身体健康目标	心理健康目标
小班	共同目标: 1. 能在低矮的物体上行走,单手投沙包达到2米左右,能快跑15米左右。能熟练地用勺子吃饭。 2. 具有基础的健康生活习惯。喜欢参加体育活动。 园本目标: 1. 初步形成必要的生活、卫生习惯,基本能够生活自理。 2. 乐于参与体育活动,动作协调自然。	共同目标: 1. 情绪比较稳定,很少因一点小事哭闹不止。 2. 有比较强烈的情绪反应时,能在成人的安抚下逐渐平静下来。 园本目标: 1. 适应幼儿园的生活,有稳定的情绪。 2. 知道简单的安全保健常识。 3. 能够在成人提醒下知道保护自己的方法。
中班	共同目标: 1. 能用多种方式爬行,会助跑跨跳,能快跑20米左右。会使用筷子吃饭。 2. 具有良好的生活与卫生习惯。喜欢参加体育活动。 园本目标: 1. 初步养成良好的生活、卫生习惯。 2. 有一定的自理能力,在成人提醒下保持个人与环境卫生。 3. 坚持参与体育活动,不怕困难,动作较自然协调。	共同目标: 1. 经常保持愉快的情绪,不高兴时能较快缓解。 2. 有比较强烈的情绪反应时,能在成人提醒下逐渐平静下来。 3. 愿意把自己的情绪告诉亲近的人,一起分享快乐或求得安慰。 园本目标: 1. 能够在集体生活中情绪愉快。 2. 了解必要的安全保健常识,具有初步的自我保护意识。 3. 初步学会表达自己的情绪。
大班	共同目标: 1. 能爬攀登架、攀登网等,能连续跳绳和拍球,能快跑25米左右。能熟练使用筷子。能使用简单的劳动工具或用具。	共同目标: 1. 经常保持愉快的情绪。知道引起自己某种情绪的原因,并努力缓解。 2. 表达情绪的方式比较适度,不乱发脾气。

年龄段	身体健康目标	心理健康目标
	2. 形成良好的生活习惯,并能主动坚持。能主动参与体育活动。 园本目标: 1. 生活、卫生习惯良好。 2. 具备基本的生活自理能力。 3. 喜欢参与体育活动,懂得在游戏中与同伴合作,动作协调灵活。	3. 能随着活动的需要转换情绪和注意力。 园本目标: 1. 能积极主动参与各项活动。 2. 在集体活动中保持稳定、愉快、积极的情绪。 3. 了解必要的安全常识,具有初步的自我保护意识与能力。

第三节 构建儿童跃动时光

　　幼儿园的课程形式是多种多样的,我们基于"童味园"课程的理念,从多个角度出发,构建出"跃动健康"课程框架。

　　在活动设计和落实的过程中,我们秉承幼儿园课程的宗旨,紧密结合健康领域的目标对幼儿实施科学合理的健康活动。以儿童为本位,引导幼儿发展核心素养。在全面深化和有效拓展领域课程理念的基础上,幼儿园设置了"健康小先锋""运动小健将""安全小卫士""心灵小帮手"四大课程分支。通过面向全体幼儿,积极开展体现领域课程特色的活动,不断建设丰富的游戏化的学习课程,努力为每一个幼儿提供有趣、有效的学习条件,让每一个幼儿成为身心健康、具有一定生活技能以及有良好生活态度的健康人。

一、领域课程结构

　　《〈3—6岁儿童学习与发展指南〉解读》中指出:"《指南》中对健康概念所做的这一阐释,体现出健康观念的基本内涵,幼儿在健康领域学习与发展的主要内容就是围绕幼儿身体的健康和心理的健康(包括社会适应能力)而展开的。"同时,结合我园"童味园"课程理念,根据幼儿园健康领域的标准、幼儿园健康领域课程的核心素养、3—6岁幼儿发展的特点,以及我园幼儿身心发展的特质,幼儿园将健康领域的课程进一步建构为"健康小先锋""运动小健将""安全小卫士""心灵小帮手"四大类别主题课程(如图 1-1

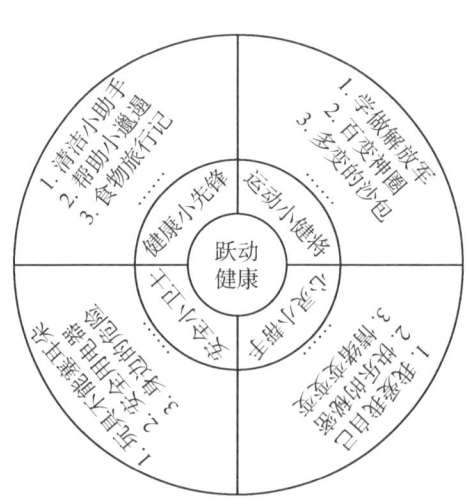

图 1-1 "跃动健康"课程结构图

所示）。

各板块课程内容如下：

健康小先锋：基于健康领域对幼儿发展的价值，围绕《3—6岁儿童学习与发展指南》，从幼儿养成良好的生活与卫生习惯、生活自理能力等方面，设置了相关课程。

运动小健将：户外体育活动是一日活动的重要环节，通过小、中、大各年龄段交替进行体能自主活动，使幼儿的运动量得到最大化的保障，身心得到和谐的发展。借助各种材料和器械进行游戏，尝试新的内容和玩法，使幼儿获得身体运动的经验。

图1-2 "健康小先锋"课程展示

图1-3 "运动小健将"课程展示

安全小卫士：通过安全小课堂、安全情境游戏等丰富的活动，提高幼儿的自我保护能力，将安全知识渗透在区域游戏、角色游戏、体育游戏等一日活动中，促使幼儿养成安全行为习惯，积累安全知识，建立安全防范意识。

心灵小帮手：根据各年龄段发展特点，开展心理健康活动，提高幼儿心理健康的整体水平，帮助幼儿从小养成良好的心理素质，树立正确的人生观、价值观，形成正确的道德观念，具备一定的辨别是非能力。

图 1-4 "安全小卫士"课程展示   图 1-5 "心灵小帮手"课程展示

二、领域课程设置

幼儿园的具体课程设置,应该根据幼儿的兴趣、需要和现有发展水平,制定有针对性的活动目标,选择活动内容,提供丰富、适宜的玩教具和游戏材料,并善于把握各种教育契机,促进每个幼儿在原有水平上得到发展和提高。因此,幼儿园将"跃动健康"内容设置如下(详见表 1-2)。

表 1-2 "跃动健康"特色课程设置表

年龄班		健康小先锋	运动小健将	安全小卫士	心灵小帮手
小班	上学期	共同课程: 1. 跟着老师走 2. 牙齿上的黑洞 3. 甜滋滋配餐师 …… 园本课程: 1. 不用妈妈喂 2. 菜宝宝营养多 3. 打针我不怕 ……	共同课程: 1. 我爱球宝宝 　　——滚球 2. 抛接乐趣多 3. 小兔跳跳 …… 园本课程: 1. 调皮的树叶娃娃 2. 小乌龟大本领 3. 小猴子摘水果 ……	共同课程: 1. 入园我知道 2. 老师我有话说 3. 小问题、大安全 …… 园本课程: 1. 应该这样做 2. 我会慢慢走 3. 上下楼梯我知道 ……	共同课程: 1. 宝宝笑了 2. 爱上幼儿园 3. 老师像妈妈 …… 园本课程: 1. 摇摇乐 2. 找朋友 3. 我会对您说 ……

年龄班		健康小先锋	运动小健将	安全小卫士	心灵小帮手
小班	下学期	共同课程： 1. 爸爸的鞋 2. 结冰了融化了 3. 点点告诉我 …… 园本课程： 1. "阿嚏"来了 2. 米米和面面 3. 五味聚会 ……	共同课程： 1. 推小车 2. 好玩的沙包 3. 网小鱼 …… 园本课程： 1. 小动物找家 2. 大象运粮 3. 手推车 ……	共同课程： 1. 戏水安全 2. 走在马路上 3. 在家中玩 …… 园本课程： 1. 男孩女孩 2. 漂亮的鞋子 3. 自己的物品自己用 ……	共同课程： 1. 快乐娃娃 2. 小小的我 3. 我不害怕 …… 园本课程： 1. 会变的小脸 2. 知冷知热 3. 哭哭笑笑 ……
中班	上学期	共同课程： 1. 袋鼠跳高 2. 炒豆豆 3. 舞龙舞狮 园本课程： 1. 洁白的牙齿 2. 保护眼睛 3. 牛奶很好喝 ……	共同课程： 1. 走平衡木 2. 跳马 3. 组合闯关 …… 园本课程： 1. 轻器械操——小罐叮当响 2. 抛接皮球 3. 神奇的小纸板 ……	共同课程： 1. 电器安全我知道 2. 独自在家 3. 找不到妈妈了怎么办 …… 园本课程： 1. 乐乐找妈妈 2. 危险的事情我不做 3. 游戏安全要注意 ……	共同课程： 1. 爱心树 2. 好情绪 3. 我会倾诉 …… 园本课程： 1. 快乐花 2. 小花狗 3. 情绪哈哈镜 ……
中班	下学期	共同课程： 1. 一起造房子 2. 穿越小树林 3. 植树能手 …… 园本课程： 1. 豆类朋友来聚会 2. 我爱吃鱼 3. 会动的关节 ……	共同课程： 1. 平衡车赛跑 2. 玩转单杠 3. 轮胎滚滚 …… 园本课程： 1. 搭桥过河 2. 合作游戏 3. 神奇的口袋 ……	共同课程： 1. 小小交通警 2. 我会这样吃 3. 如何保护自己 …… 园本课程： 1. 我出门了 2. 各种各样的交通标志 3. 我是安全小卫士 ……	共同课程： 1. 勇气 2. 找朋友 3. 情绪变变变 …… 园本课程： 1. 今天你微笑了吗？ 2. 快乐共分享 3. 心情火车 ……

年龄班		健康小先锋	运动小健将	安全小卫士	心灵小帮手
大班	上学期	共同课程： 1. 我们的美食 2. 感冒了真难受 3. 食物旅行记 …… 园本课程： 1. 皮肤好朋友 2. 帮助小邋遢 ……	共同课程： 1. 双人赛车 2. 爬楼梯大赛 3. 跳绳跳跳跳 …… 园本课程： 1. 学做解放军 2. 勇敢的小羊 3. 多变的沙包 ……	共同课程： 1. 防火小能手 2. 小手流血了 3. 安全用电器 …… 园本课程： 1. 独自在家 2. 身边的危险 3. 发生火灾时 ……	共同课程： 1. 尊重他人 2. 大家喜欢我 3. 让快乐常在 …… 园本课程： 1. 温馨提示 2. 快乐的秘密 3. 原来可以这样 ……
大班	下学期	共同课程： 1. 我是小飞人 2. 赛龙舟 3. 建筑工人真能干 …… 园本课程： 1. 牙齿的悄悄话 2. 耳朵进水了 3. 学学好姿势 ……	共同课程： 1. 挑战梅花桩 2. 我的力气真大（杠铃） 3. 桶儿滚呀滚 …… 园本课程： 1. 能干的搬运工 2. 太空迷宫寻宝 3. 龟兔赛跑 ……	共同课程： 1. 运动安全 2. 尖锐的东西 3. 煤气开关不可乱动 …… 园本课程： 1. 一起去游泳 2. 上学路上 3. 安全乘电梯 ……	共同课程： 1. 我不紧张了 2. 情绪火车 3. 了解我自己 …… 园本课程： 1. 尊重他人 2. 微笑的力量 ……

共同课程与园本课程承载着班本课程，使其有序开展。对于班本课程而言，一个游戏、一些趣事，甚至一片树叶，都可能成为孩子们津津乐道的话题。当我们俯下身来，倾听孩子们的声音，班本课程故事就在我们身边悄然发生……孩子们在活动中，从兴趣到探索，从认知到行动，让课程真正地"活"起来。一次邂逅，一次探秘，一场体验，串起了孩子们的故事，开启了未知而神奇的体验，一场关于健康发展的自然探索正在进行。

案例 1-1　　　　**班本课程:嗨! 生菜(中班)**

一、课程缘起

午餐时间,孩子们在讨论关于午餐里面的青菜,有的孩子说青菜有营养,我喜欢吃;有的孩子说我不喜欢吃青菜。抓住这个契机,让幼儿养成爱吃青菜、不挑食的好习惯,而且这学期我们的种植园地也要翻新并且种下新的种子啦! 经过一番讨论以及调查后,我们终于决定,种生菜!

理论支持:《指南》健康领域中指出,4—5岁幼儿发展目标是不偏食、不挑食,不暴饮暴食。喜欢吃瓜果、蔬菜等新鲜食品。我们成人应为幼儿提供合理均衡的营养,帮助幼儿了解食物的营养价值,引导他们不偏食不挑食、少吃或不吃不利于健康的食品,从而形成终身受益的良好饮食习惯。

二、课程脉络

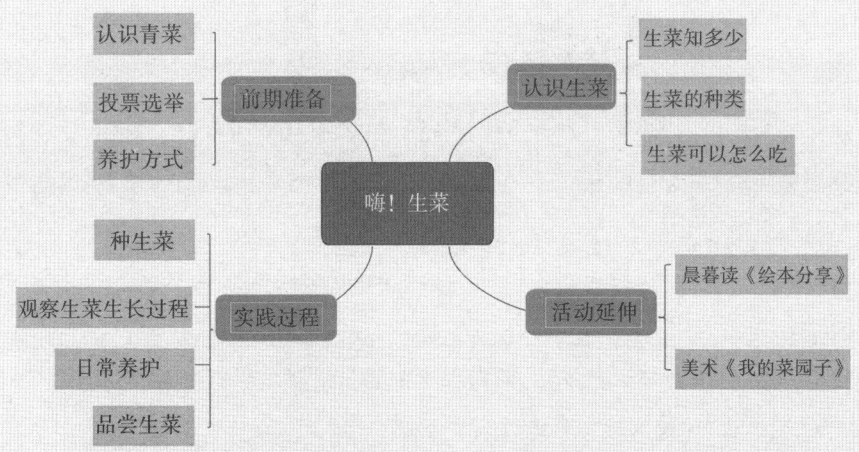

三、课程实施

1. 前期准备(关键经验:科学探究、艺术表现与创造)

孩子们对青菜的种类和营养这方面的知识是较为浅薄的,为了加强孩子们对青菜的喜爱,我从认识青菜着手,让幼儿知道青菜的种类以及对身体的好处。老师告诉幼儿:青菜也有很多不同的类型,我们不能全部都种,请你们一起商量你们最想种植哪一种青菜。孩子们激烈地讨论自己想种的青菜……最终生菜的票数最多,那我们就开始在种植区播种生菜。

决定了要种生菜,"我们要怎样种呢?怎样才能让它们长得更好呢?"面对老师提出的问题,小朋友们开始思索起来,纷纷回想自己见过的种植方法和养护方法。首先第一步我们要处理种子,有些种子在播种之前需要浸泡或者消毒,再把种子撒到湿润的泥土里,种子长出根,慢慢地种子就发芽了。然后我们还要给种子浇水,给它捉虫子,还要给它松松土!经过讨论后大家画出养护生菜的各种方法。

幼儿经验与学习:孩子们对大自然都充满好奇,通过谈话我们了解到,孩子们对生菜很感兴趣,但对它的认识还停留在表面。本次活动中,孩子们对生菜的种植有了更深入的了解。

教师的思考与支持:教师要善于捕捉孩子们的"哇时刻",它不仅是幼儿学习评价的起点,也是促进幼儿进一步学习的起点。在本次活动中,我通过发动孩子主动去搜集相关知识经验,归纳整理,帮助中班的孩子建立起初步的探究能力。

2. 认识生菜(关键经验:身体健康,科学探究,倾听与表达)

老师做了一份调查表,让孩子们了解生菜的种子长什么样子、生菜怎么吃、生菜的种植过程和生长过程,并通过家园合作进一步认识了解生菜,完成第一张调查表"生菜知多少"。

为了让幼儿对常见的蔬菜种类和名称有初步的了解,我们制作了生菜图册,里面有不同种类的生菜。通过图片让幼儿直接观察常见的生菜品种,从而增加幼儿对生菜的兴趣。

除此之外，我们希望给孩子本真的、生活化的教育，让教育贴近自然。幼儿在我们的"开心农场"里进行除草、翻土，为接下来的种植做准备。在翻土的过程中，幼儿还发现了泥土中的小动物——蚯蚓和其他小虫子，还有大小不一的石头、砖瓦、塑料等，大家思考它们的来处，从而知道了泥土是很多生命的家园，知道了环境污染造成的影响，懂得要爱护环境。

我们继续进行幼儿园和家庭的接轨，和幼儿一起围绕生菜的营养价值进行了讨论，孩子们从中了解到营养物质的术语：维生素、纤维素、蛋白质等。幼儿经常在生活游戏中讨论自己爱吃的生菜是什么味道，妈妈用生菜做了什么菜肴……他们对探索生菜的兴趣越发浓厚。通过幼儿园平时的菜谱以及一些家常制作生菜的图片，引起幼儿对吃生菜的兴趣。

幼儿的经验与学习:《指南》中指出,幼儿的学习是以直接经验为基础,在游戏和日常生活中进行的。本次活动,让幼儿直接感知、实际操作、亲身体验,孩子对生菜有了更深的了解和认识。

教师的思考与支持:教师要理解幼儿的学习方式与特点,用游戏化的活动、适合幼儿年龄特点的方法,为幼儿创设情景,帮助他们进行学习,最大限度地支持和满足幼儿通过直接感知、实际操作、亲身体验获取经验的需要。

3. 实践过程(关键经验:身体健康、科学探究、社会情感)

著名教育家杜威指出:"教育即长,教育即生活,教育即经验的改造。"大自然为幼儿的学习和发展提供了无限可能,种植园地是大自然的小小缩影,在中四班的小菜园中,一场关于自然和生命的探索开始了……

教师带领幼儿在种植箱进行种植,并拍照记录下了孩子们的播种过程:松土—播种—浇水,每一个环节孩子们都认真专注。从他们的神情中我看到了他们对这些小种子的期望,也看出他们身上独有的探究精神!

教师利用户外活动时间带领幼儿观察生菜的生长过程,拍照记录生菜在不同阶段的生长发育状况。通过观察形象的蔬菜分解图让幼儿认识了蔬菜的秘密:有的蔬菜有花、有叶子、有茎、有根等。

蔬菜从哪里来? 从种子里变出来。将种子培育进泥土中,根据前期师幼共同讨论养护生菜的方法,然后精心养护,浇水、施肥、日照,随着时间的流逝,在孩子们的用心呵护下,蔬菜也渐渐地长大,从种子破土而出到芽儿绿油油。在这个过程中老师观察并进行拍照,记录幼儿实践的过程。

幼儿的经验与学习:幼儿对这个活动非常感兴趣,他们自己动手制作好吃的生菜,从食材选取、食材清洗、食材处理到制作美味,最后品尝自己的成果。

教师的思考与支持:通过种植生菜,孩子们知道了蔬菜种植的不同途径和方法,体验了劳动的快乐,同时更加明白了蔬菜的来之不易。"不挑食,多吃蔬菜身体棒!"成了孩子们的口号。

4. 活动延伸(关键经验:倾听与交流,创造与表现美)

根据幼儿的年龄特点和兴趣,选取跟蔬菜有关的绘本,引导幼儿养成不挑食的好习惯。同时在阅读区中投放关于蔬菜的书籍,便于孩子们更好地了解蔬菜的营养,做到不挑食、不浪费的原则。

幼儿根据自己的观察以及绘本《一园青菜成了精》进行创作。一幅幅想象中的菜园子从孩子们的笔下诞生,表达了孩子们最自然的热爱与期许。

幼儿的经验与学习:通过观察生菜的外形,孩子们用自己的方式绘画出了菜园子,形成了初步的艺术表现力和创造能力。

教师的思考与支持:美来源于生活,教师要引导幼儿发现生活中的美、观察生活中的美、感受生活中的美,本次活动用绘画的形式鼓励幼儿去表现,并用幼儿的作品来装饰环境,给孩子心中种下了"美"的种子。

四、后记

种植课程是幼儿综合实践的场所,种植为幼儿的研究提供了直接的观察材料,有助于激发幼儿爱护植物、热爱自然的情感。有趣的课程与实践相结合,寓教于乐,让孩子们在参与和体验的快乐中接受"食"育教育,从而使他们既能感受食物的来之不易,又能改掉挑食的不良习惯。

《嗨!生菜》之未完待续:

生活是幼儿园课程的重要来源。成人要善于发现和保护幼儿的好奇心,充分利用自然和实际生活机会,引导幼儿通过观察、比较、操作、实验等方法,学习发现问题、分析问题和解决问题,帮助幼儿不断积累经验,并运用于新的学习活动,形成有益于终身的学习态度和能力。直接经验对幼儿来说是非常重要的,要让孩子在解决实际问题的过程中去思考、发现和解决问题,只有这样才能真正获得经验。

生活即课程,教师基于幼儿的兴趣、需要、能力,开展了本次课程活动,孩子们通过多种活动对蔬菜有了初步的了解。在生活化、趣味化的情境中,引导幼儿不断探索,感知蔬菜的明显特征。整个活动中,孩子们发现问题,关注问题,层层递进,步步深入,在不断发现问题和解决问题的过程中,体验了探索的乐趣和成功的喜悦。

班本课程是动态的,我园教师关注儿童的发展,及时发现和捕捉儿童生活中的宝贵细节,动态发展,形成班本课程的主题。如小班主题活动"小小入园了"在课程设置中多方面的涉及小班幼儿入园适应的各类健康活动,在活动开展的过程中教师发现了幼儿入园后阶段性存在的不易解决的问题,从而衍生出班本课程——《吃饭那点事儿》。它源于幼儿的实际情况,围绕幼儿的兴趣或问题展开。不难发现,班本课程也反映了教师、幼儿之间真实的学习、探索的过程,是让幼儿成为学习主人的宝贵资源。

案例 1-2　班本课程:吃饭那点事儿(小班)

一、课程缘起

小班刚入园的孩子,在情绪基本稳定之后,生活上的一些问题也逐渐凸显出来,比如每天的吃饭时间,成了我们头疼的问题。入园之前,孩子们在各自的家庭有不同的饮食习惯,有只吃肉不吃菜的,有不吃肉的,有不喝奶的,有需要喂着吃的……每次到了吃饭时间我们都手忙脚乱。为了帮助孩子们逐步养成正确的饮食习惯,我们开展了本次活动。

理论支持:《指南》健康领域指出,幼儿要养成良好的生活卫生习惯,成人要帮助幼儿了解食物的营养价值,引导他们不偏食、不挑食,少吃或不吃不利于健康的食品。通过问题发现与正确引导,帮助孩子们建立健康的饮食习惯。

二、课程脉络

为了帮助小班幼儿更快适应幼儿园的生活,养成良好的饮食习惯,班级教师结合本班幼儿在一日生活中进餐的细节问题展开思考。在师幼互动的基础上,结合幼儿健康领域发展的关键经验,对活动进行了一定的预设,并根据幼儿阶段性的发展进行生成性学习。

课程脉络图

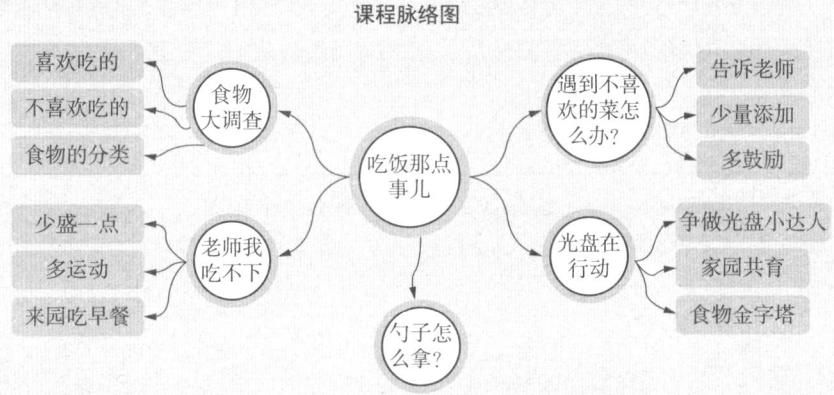

三、课程实施

1. 食物大调查(关键经验:科学认知、数学统计)

为了快速地了解和掌握孩子的饮食习惯,我们在班级里开展了一次"食物大调查"的问卷调查,将平时孩子经常吃的食物分成了以下几类:鱼禽肉蛋类、蔬菜水果类、奶类豆类、五谷杂粮类,并请家长协助孩子画一画自己喜欢的和不喜欢的食物,从而了解孩子的饮食习惯,也为我们后期的单独辅导提供了帮助。

幼儿经验与学习:小班的幼儿对食物的种类还没有特别清晰的认知,在这样的调查活动中,孩子们对平时吃的各种食物的名称和分类有了初步的认识,知道了自己喜欢的食物属于哪一类。

教师的思考与支持:小班的孩子离开家来到幼儿园,家长们最关心的除了情绪的稳定,就是孩子的吃饭问题。孩子能不能吃饱,不会自己吃饭怎么办,也是家长最担心的问题。通过这样的调查表,可以让老师更直观、更快速地了解幼儿的饮食习惯,从而针对不同孩子制定不同的教育方法,做到因人而异。

针对孩子们吃饭时出现的情况,我们将其归纳为三个问题,并针对每一个问题和孩子们商量解决办法。

2. 遇到问题1：老师我吃不下（关键经验：语言表达、饮食习惯）

每次到了进餐时间快结束的时候，就有此起彼伏的声音响起："老师，我吃不下了。""老师，我不想吃了。"还有幼儿干脆玩起了食物，食物洒得满桌子满地都是。通过询问和观察我发现，有的孩子是因为挑食吃不完；有的孩子是因为饭量小，老师盛得多，所以吃不完。这时候如果强迫孩子吃下去，容易引起肠胃负担、积食，对孩子成长不利，倒了又太浪费了，怎么办呢？通过商量，我们决定在进餐前，先让孩子看一看今天的饭能不能吃完，如果觉得多，可以大声告诉老师："我想少盛点。"坚持少食多添。除此之外，我们也要在活动中适当增加运动量，增进幼儿食欲。

幼儿的经验与学习：在这个活动中，幼儿学会了正确解决"自己吃不完饭"这个问题，有些饭量小的孩子在进餐时是有一定的压力的，这样的方式，能够让幼儿减少心理负担，同时也减少了食物浪费。

教师的思考与支持：小班孩子入园时间短，教师对孩子的饮食习惯及饭量的掌握还不太熟悉，这个时候能鼓励孩子自己表达，既解决了食物浪费的问题，也培养了孩子遇到问题有效沟通的能力。

3. 遇到问题2：遇到不喜欢吃的饭菜怎么办？（关键经验：语言表达、健康认知）

针对这个问题，我们开展了一次谈话活动，有的小朋友说："不喜欢吃就不吃，我妈妈都不做我不喜欢吃的食物。"有的小朋友说："用勺子把它挖到桌子上。"还有个别小朋友说："放进其他小朋友的碗里。"这时就有人提出质疑："不对不对，不能放别人碗里，不卫生。"最后通过讨论，我们商量出解决办法：遇到不喜欢吃的菜，可以让老师少盛一点，但不能挑食。

幼儿的经验与学习：《指南》中指出，要帮助幼儿养成良好的饮食习惯，根据小班孩子的年龄特点，出现挑食、不喜欢吃的食物是很正常的事情。孩子第一次来到集体中生活，会把食物放进同伴的碗里，可能是因为在家里，遇到不喜欢吃的食物会给爸爸妈妈，但这样的饮食习惯是不卫生的，通过谈话活动，孩子们意识到了这个问题，并通过讨论，师幼一起商量出解决办法。

教师的思考与支持：教师要理解幼儿的年龄特点，并接纳孩子会挑食这一问题，从幼儿的心理去理解孩子，并用鼓励的方式，引导幼儿慢慢添加、尝试自己不喜欢的食物,切忌粗暴地强迫幼儿接受。

4. 遇到问题3:如何正确拿勺子?(关键经验:动作发展)

在进餐过程中,我们常常会看到孩子不正确的握勺姿势,甚至有些孩子在家一直是大人喂,不愿意拿勺,这也是导致幼儿吃饭慢的重要原因。因此,我们在区角中投放喂娃娃的操作材料,通过图示引导,帮助幼儿练习手部拿勺动作。

幼儿的经验与学习:通过日常行为纠正和区角游戏共同渗透,学习正确握勺子的方法,从而改善在吃饭时吃得慢、等着老师喂、撒饭的情况。

教师的思考与支持:生活中处处是教育,环境则是对幼儿无声的教育,教师要学会从幼儿身边熟悉的环境入手,寻找教育契机,营造良好的文化熏陶环境。

5. 光盘在行动(关键经验:社会情感)

在正确的方法引导和鼓励下,孩子们挑食、剩饭的情况逐渐降低。特别是平时挑食的孩子,每次吃完饭都像完成了一件大事一样,特别兴奋地对着老师说:"老师,我今天吃完了。"这个时候老师的鼓励和肯定,常常会让其他还没吃完饭的孩子也积极起来。于是我们开展了"光盘在行动"的活动,通过故事让幼儿明白粮食来之不易,要珍惜和爱护农民伯伯的劳动成果。

幼儿的经验与学习:《指南》中指出,要关心和尊重他人,珍惜他们的劳动成果。在光盘行动中,幼儿认识和了解到粮食的来之不易,从而萌发珍惜粮食的情感。

教师的思考与支持:随着社会生活水平的提高,人类的节约意识越来越弱,因为感觉离我们太遥远。但节约意识并不是没有,教师要抓住教育契机,用故事感染孩子,引导他们珍惜粮食。

四、后记

关于吃饭的那点事儿,我们继续在深入探索,下个学期孩子们就要参加幼儿园的自助餐活动了,我们也想趁此契机,从食物的营养金字塔入手,让幼儿了解食物的营养搭配,从吃饱到吃好转变。

《吃饭那点事儿》之未完待续:

在活动的开始,我们是想解决幼儿入园后的一个大问题:挑食。面对这个问题,我们要厘清思路,然后解决问题;在一次次的谈话中,我们也教会孩子:遇到问题要探索正确的解决办法,从解决实际问题出发。接下来,我们则要将主动权交到孩子手里,引导他们去探索更多关于"吃"的故事。

在主题实施的过程中,教师要充分挖掘社区和家长资源,并利用生活中的其他教育资源,引导幼儿观察粮食的生长过程,和家长一起搜集有关食物营养的资料等,激发幼儿对"吃"的更多探索,帮助幼儿获得直接经验并逐步养成积极主动、认真专注,勇于探究、大胆尝试的良好学习品质。

第四节 助力儿童乐享健康

发育良好的身体、愉快的情绪、强健的体质、协调的动作、良好的生活习惯和基本生活能力是幼儿身心健康的标志。在活动实施时,以五大领域中的健康领域活动为基准,通过适宜有效的多种活动形式,帮助幼儿学会恰当表达和调控情绪、情感,养成良好的生活卫生习惯,并结合具体活动内容对幼儿进行安全教育,注重在活动中培养幼儿的自我保护能力。

根据"跃动健康"的课程理念,我园的健康领域课程主要通过"跃动课堂""跃动游戏""跃动生活""跃动社团""跃动合作"等五种途径实施,旨在提高幼儿的健康认知水平,改善幼儿的健康态度,培养幼儿的健康行为,最终使幼儿养成健康的生活方式。

一、构建"跃动课堂",彰显课堂生命活力

幼儿园教学活动的实施主要通过集体教学的方式进行,是教师有目的、有计划、有组织的活动。"跃动课堂"作为健康领域的集体教学活动,具有内容丰富、童味浓厚等特点,深受幼儿喜爱。

(一)"跃动课堂"的内容与组织形式

"跃动课堂"主要是教师根据课程资源库健康领域的教育教学内容,结合自己的教学经验,对活动采取情景体验、互动游戏等教学设计,促进幼儿身心健康发展。

"跃动课堂"是助力动作发展的课堂。关注每个幼儿,有针对性地开展内容丰富、形式多样的身体健康活动。

"跃动课堂"是情境体验式的课堂。把握幼儿兴趣及年龄的特点,丰富幼儿体验,使幼儿在创设真实情境中习得安全知识,提高自我保护能力。

"跃动课堂"是润泽心灵的课堂。其意义在于帮助幼儿挖掘美的源泉,让心灵的质地向美而生。

"跃动课堂"的内容是依据《3—6岁儿童学习与发展指南》要求,以《幼儿园教育指导纲要》《幼儿园工作规程》等文献为抓手,有针对性地开展内容丰富、形式多样的身体健康和心理健康活动。

幼儿所有的经验都源于生活,并且实践于生活。"跃动课堂"的内容从幼儿的身体健康和心理健康两个部分设置,具体包括身心状况、动作发展和生活习惯与生活能力,结合幼儿的实际发展需要进行有机整合与调整。

活动通过教研组教师的精心设计,同课异构,在不同班级实施策略,根据每个年龄段、不同班级幼儿的发展情况,一班一特色。"跃动课堂"中的教学活动并不是一味地让幼儿被动接受,而是在教师结合幼儿现阶段发展的基础上,设计科学的、特定的游戏情境,引导幼儿在直接感知、实际操作、亲身体验中激发身心潜能,乐享健康。此课例为大班年龄组在集体教研后,班级教师根据本班幼儿的发展情况,同课异构对活动进行调整,从而开展的健康活动。

案例 1 - 3

大一班上学期健康活动
《我是小小兵》(第一课时)

一、设计意图

在日常的体育和户外活动中,幼儿上肢的运动量、运动密度有所欠缺。而投掷活动能很好地锻炼幼儿的手臂力量,同时培养幼儿手眼协调能力,提高全身运动的协调性,该活动还具有一定的挑战性。《纲要》中指出:"用幼儿感兴趣的方式发展基本动作,提高动作的协调性、灵活性。"由此,我设计了本次活动。

二、活动目标

1. 学习肩上挥臂投掷动作,掌握动作的基本要领。

2. 尝试在游戏中用肩上挥臂投掷动作投准目标物,发展身体协调能力。

3. 乐于参与游戏,体验与同伴合作的乐趣。

三、活动准备

1. 经验准备:知道投掷时拿球的正确方法。(用拇指、食指、中指和无名指自然分开抓握小球,小指弯曲贴在球的下部,掌心不触球)

2. 物质准备:绒布球若干,红、蓝粘球衣若干,筐两个,大投掷靶四个,小粘球靶四个,红、蓝标记线两条,背景音乐。

四、活动重难点

1. 活动重点:能掌握肩上挥臂投掷动作的基本要领。

2. 活动难点:尝试在游戏中用肩上挥臂投掷动作投准目标物。

五、活动过程

(一)开始部分

创设游戏情境,活动身体。

1. 教师带领幼儿跟着哨子声跑步进入"训练场"。

师:小士兵们,欢迎来到我们的训练场,我是你们的指挥官。一名优秀的小士兵,需要通过训练掌握本领。在今天的训练开始之前,我们一起来活动一下身体!

2. 小士兵跟着指挥官一起做热身活动。

指挥官和小士兵一起四散开站在场地中,小士兵在指挥官的带领下活动身体的各个部位。重点活动上肢、腰部和踝腕关节,做肩部运动、腹背运动、手腕踝关节运动等。(做好参与体育活动的准备,为投掷动作的练习做好动作铺垫)

(二)基本部分

1. 学习肩上挥臂投掷动作,掌握动作的基本要领。

(1)出示绒布球,引发幼儿的活动兴趣。

师:这是我们今天训练所要使用的"弹药",你会用什么方法投出去呢? 请你来试一试。注意避开其他小士兵的脸和头部。

(2)幼儿自主探索,教师个别指导。

师:你是怎么投"弹药"的? 还有不同的投法吗?

(3)幼儿分享投"弹药"的方法,并学习肩上挥臂投掷动作,掌握动作的基本要领。

师:请你说一说你是怎样投"弹药"的,请你到前面来做一做。(通过同伴示范,鼓励幼儿学习肩上投掷动作)

师:小士兵的方法很不错,这个小士兵用到的方法是肩上挥臂投掷,我们一起来学一学。

正面投掷时:①两脚前后开立,重心在后脚;②上体稍后仰,肩上屈肘高举臂(肘关节向前);③眼看前方,通过蹬腿、挥臂、甩腕将物体投出。

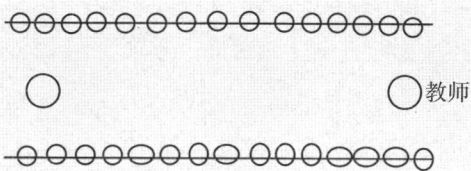

小结:小士兵学本领很认真,这么快就掌握了肩上挥臂投掷的动作要领。下面我们用这个新本领,完成一项挑战。

2. 尝试在游戏中用肩上挥臂投掷动作投准目标物,发展身体协调能力。

(1) 尝试将"弹药"投掷到大的投掷靶上。

师:看,前方有一个投掷靶,请小士兵用肩上挥臂投掷的方法,将"弹药"投向投掷靶。"弹药"投出后听口令,迅速补充弹药,回到自己的位置。准备!投!(帮助幼儿将积累的简单经验提升为关键经验)

小结:我发现在刚才的投掷中,有的小士兵没有投到投掷靶上,有的投得太高,有的投得太近。投掷时要看准目标物,正对投掷靶,手腕用力,用手腕来控制投掷的方向,这样才能投得更准。好,让我们再来试一次。

(2) 尝试将"弹药"投掷到小的投掷靶上。

师:经过刚才的训练,你们的肩上挥臂投掷动作更加标准了。现在我们的挑战升级了,看!投掷靶比刚才的小了一点,你们还能投到上面吗?请小士兵去试一试。(再次创设学习情境,幼儿在积极快乐的参与中,发展运动兴趣和习惯)

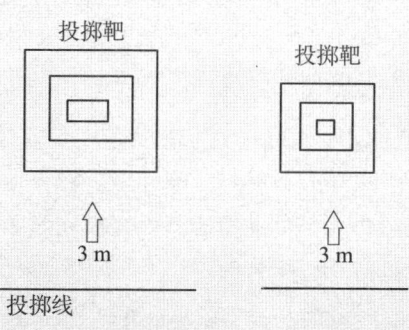

小结:刚才训练的小士兵完成得都很出色,能够用肩上挥臂投掷的本领将"弹药"投掷到投掷靶上。接下来,我们红、蓝两队进行"小士兵大比拼"的游戏。

3. 乐于参与游戏,体验与同伴合作的乐趣。

(1) 游戏玩法:游戏分为"进攻方"和"守卫方"。

① "进攻方"小士兵在内圆里四面散开,面对外圆站定,用肩上挥臂投掷的动作将弹药投向"守卫方"的作战服上。投掷时,小士兵不超过内圆投掷线,每次只能投掷一枚"弹药"。

② "守卫方"小士兵站在外圆线上,面朝内圆小士兵,一直保持身体横向的同时,向顺时针方向慢速移动避让"弹药"。被击中者自觉退出场外。

③ "弹药"用完,清点"守卫方"被击中人数。(在游戏中,培养幼儿遵守规则、合作乐群的优良品质)

(2) 交换角色,继续游戏一次。

(3) 对比两队击中人数,击中人数多的一队为获胜方。

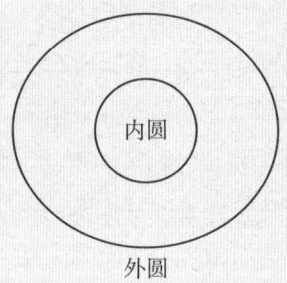

(三) 结束部分

宣布游戏结果,收拾整理活动器械,做放松活动。

1. 整理器械,将"弹药"收回到"弹药箱"中。

2. 听音乐做放松运动。

师:小士兵们出色地完成了今天的训练,很英勇,也很辛苦,现在我们来放松一下身体。(通过放松运动,缓解幼儿身心高度兴奋或紧张的状态,教师通过简单的小结,激发幼儿参与下次活动的欲望)

(1) 调整呼吸:用鼻子深呼吸,然后慢慢吐出来。

（2）调整身体：抖动双手，轻轻拍打全身，放松肌肉。

（3）调整心理：引导幼儿微笑、笑出声音等。

师：用鼻子深呼吸，然后慢慢吐出来。捏捏我们的手臂和小腿，给你旁边的好朋友捶一捶肩膀，再甩一甩小手。我们一会儿为优秀小士兵颁发奖章！

（四）活动延伸

在日常活动中，进一步巩固肩上挥臂投掷的动作，同时引导幼儿探索新的投掷方法。

师：小士兵们，肩上挥臂投掷有正面单手肩上挥臂投掷和半侧面转体肩上挥臂投掷。我们今天训练的是正面单手肩上挥臂投掷，在下次活动中我们再来试一试半侧面转体肩上挥臂投掷。

健康领域园本课程的开展，引发了教师在"课堂"之外，对充分挖掘社区和家长资源、利用生活中教育资源的极大关注。幼儿发育良好的身体，不是在幼儿园可以一蹴而就的，同样离不开家长的关注和配合。立足儿童立场，着眼于幼儿的健康发展，我园教师充分关注"跃动课程"教育资源的拓展和延伸，注重领域间的融合，把课程的实施融入幼儿假期的每一天。

案例 1-4　**以家园共育为契机，精准
把握"跃动课堂"的延伸**

将"跃运健康"课程的理念渗透到居家生活中，遵循幼儿身心发展规律，让幼儿爱上游戏运动，自然地获得各方面的发展。在"跃动健康"领域中，孩子获得强健的体质、协调的动作，从而形成积极稳定的情绪。

运动活动不仅可以促进身体动作发展，还具有宣泄、中和、抵消和对抗不愉快情绪的作用，舒缓紧张的情绪，形成积极的自我。适度的运动不仅能促进儿童认知的发展，还有助于他们调节情绪，从中获得满足感。孩子们和爸爸妈妈一起制定了"宅"家运动计划和假期生活计划表，并准时完成。

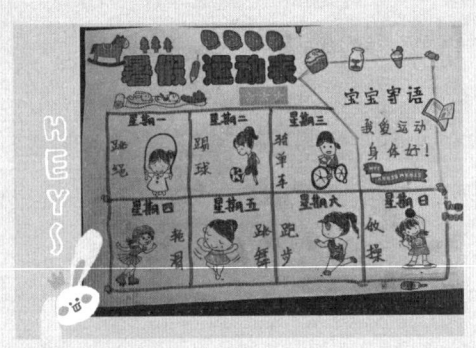

游戏是幼儿获取知识的源泉,幼儿在玩中学,在运动游戏中获得健康的体魄。运动心理学家奥吉尔维发现:长期运动的孩子比不运动的孩子情绪更加稳定、意志更坚强,并会体现出高度的自觉、自律、自信和较低的焦虑。在家中孩子们变身"运动小达人",动起来,愉悦身心!亲子在居家的相处时光里,家人陪伴幼儿做互动式的运动,同时通过运动健身也能愉悦情绪。在亲人的陪伴下,幼儿在健身运动中身心得到和谐发展。

(二)"跃动课堂"的评价要求

依据我园"唤醒身心潜能,激发幼儿内驱力"的健康领域的学科内涵,我们设计了"跃动课堂"的评价量表,从情感与态度、行为与习惯、能力与发展三个方面设置了"跃动课堂"健康领域课程评价指标(详见表1-3)。

表1-3 "跃动课堂"课程评价表

评价类别	评价标准	权重分	评分
教学目标	1. 目标明确、具体、适宜，适合幼儿的身心发展特点。	6	
	2. 体现三维目标的整合性，具体明确，具有可操作性。	5	
幼儿活动行为	1. 活动兴趣浓厚，积极参与、主动操作、感知。	6	
	2. 能积极参与活动，大胆回答问题。	6	
	3. 在活动中能表现出一定的探索精神。	6	
	4. 有自主学习、小组交流、合作学习的意识。	5	
	5. 每个幼儿都有不同程度的收获，多数幼儿能够完成活动目标要求。	6	
教师教学行为	1. 教学方法、手段灵活多样，勇于改革和创新。	6	
	2. 运用先进的教育思想、手段、方法。	5	
	3. 关注活动生成，灵活实施计划。	5	
	4. 体现幼儿的主体地位和教师的主导地位。	5	
	5. 情绪饱满，富有感染力。	5	
	6. 语言准确、简洁、生动，语调高低、快慢适度，富于变化。	5	
教师的课堂表现	1. 教态亲切自然。	6	
	2. 能够创设宽松民主的教学氛围，师幼关系融洽。	5	
	3. 注重幼儿学习习惯和良好行为习惯的培养。	6	
教师评价	1. 及时发现幼儿需求，面向全体的同时关注个体差异，体现因人施教。	6	
	2. 鼓励引导幼儿积极探索，运用过程性评价。	6	
本次活动亮点：	评价：	总分：	

二、开设"跃动游戏"，在愉悦中锻炼体能

3—6岁是儿童身体发育和机能发展极为迅速的时期，也是形成安全感和乐观态度的重要阶段。幼儿可以通过在游戏化的健康活动中锻炼体能，在运动中让内心得到释放，排解不良情绪，从而获得愉悦的体验。因此我们开设了"跃动游戏"课程。

（一）"跃动游戏"的内容与组织形式

"跃动游戏"包含两部分内容，分别是"我爱运动"和"灵动游戏"。

我爱运动：课程借助各种材料和器械进行游戏，尝试新的内容和玩法，使幼儿获得身体运动的经验。同时通过开展各种传统游戏来丰富现代幼儿的生活，让幼儿了解一些优秀的文化传统，体会传统游戏的乐趣，在玩传统游戏的过程中获得全面发展，从而促进幼儿健康、快乐地成长。每班教师在固定的时间带领幼儿进行自选游戏，根据主题的主要内容，教师辅助指导，幼儿自主自由结合开展游戏。

"我爱运动"是充满快乐的自主游戏课程，什么样的游戏生活才会让孩子回味满满呢？基于对幼儿主动学习价值取向的思考发现，构建并实施的游戏课程，才是让孩子回味满满的课程。我们不断以小步递进的方式来研讨"跃动健康"中个性课程的实施策略。我们以"把游戏贯穿到童跃运动的学习活动中"为标准，抓住课程最核心的一点，即尊重幼儿，以此为操作线索形成自主游戏课程的活动计划。由此，我们系统地推进教研，从课程中活动设计和组织的优化出发，研究课程实施的策略。以"研究策略方法优化，提升解决问题能力"为切入点，针对优化的"我爱运动"晨间锻炼活动，教研组教师展开了深入的研究。以下以大班组教研过程为例进行展示。

案例 1-5

园本教研："我爱运动"
之晨间锻炼的开展策略

在"我爱运动"课程实施中，我们关注到怎样给幼儿提供充足的活动空间。依据学期初的课程计划，在我爱运动晨间锻炼中，刚开始我们尝试各班级自主活动，以游戏为主题，借助一种器械进行一种基本动作练习。比如在游戏"好玩的跳圈"中，组织幼儿以基本动作——跳为游戏内容，可以进行双脚跳、单脚跳、分脚跳等活动。活动形式比较单一，只是以游戏化进行单一动作的练习，且教学形式更多的是教师的组织，过于控制幼儿的游戏。幼儿刚开始比较有兴趣，过了一段时间，孩子们就兴趣平平了，不能很好地调动幼儿的积极性和主动性。

为了给幼儿提供更多发展的机会,大班组教师进行了"关于晨练活动计划实施"的研讨。研讨后,我们进行了以下调整:

第一,改变了原有的活动形式,将原有的各班自主活动,转变为以年龄段集体晨练。

第二,进一步研究器械的玩法,每位教师设计组织一种器械的玩法,在分享交流中,每一位教师都能熟悉每种器械的多种玩法。

第三,将活动内容更改为借助多种器械,让幼儿根据摆放的器械进行多种动作练习,丰富晨练的活动形式,激发幼儿参与运动的积极性。

在具体的实施中,我们发现幼儿在活动中缺乏自主性,活动还需要进一步调整。

接着大班组教师再一次进行了研讨,我们在原有的基础上进行了以下调整:

第一,合理规划幼儿的活动区域,改变原有的活动路线,将圆形活动路线改变为"S"形的活动路线,这样孩子们的活动范围大大增加了。

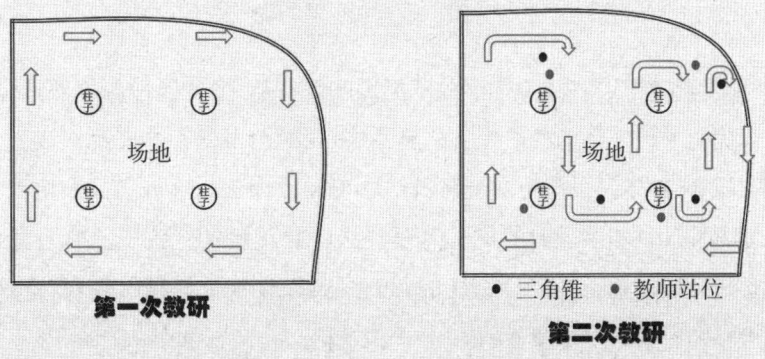

第二，基于"晨练活动中幼儿基本动作的发展"，以幼儿的基本动作走、跑、跳、爬、平衡为中心，一起研讨幼儿基本动作的组织设计，对每个基本动作的形式进行整合与优化，比如走的基本动作，可以组织幼儿练习快走、慢走、模仿小鸭走、踮脚尖走等形式。

晨练基本动作示意图

基本动作内容 \ 活动类型	音乐1	音乐2	音乐3	音乐4	音乐5	音乐6
基本动作内容	准备活动（热身）	走	跑	跳	爬	放松活动
活动类型	直线走 飞机起飞 慢跑 ……	快走 慢走 倒着走 学动物走 踮脚尖走 ……	快跑 慢跑 大步跑 接力跑 红绿灯游戏 ……	单（双）脚原地跳 向上跳 连续单（双）脚跳 ……	直线爬 匍匐爬 侧身爬 ……	慢走 小蝴蝶回家 ……

第三，研讨了"音乐对幼儿运动的意义"，设计出适合每种动作的音乐，组织幼儿根据音乐进行活动，这样就增加了幼儿的自主性，以音乐发展幼儿的智能。活动中各班教师分散定点站位，不仅可以及时观察大班幼儿活动情况，还可以根据幼儿的状态及时调整活动。

第四，适时的调整活动内容，比如冬天到了，孩子们在开始活动时比较冷，可以先组织孩子跑，待孩子们充分热身后，再开始其他动作的活动。

在"我爱运动"活动中，为了给孩子提供安全有趣、形式多样的户外运动器械，我们不仅优化了晨间活动的组织和实施策略，同时也根据小、中、大班孩子年龄特点和运动需求，对传统民间游戏玩教具的学习和教育价值进行了深入挖掘。从儿童的立场出发，围绕"孩子们的成长需要什么样的玩教具""孩子们的兴趣以及他们会喜欢什么样的玩教具""什么样的玩教具可以让孩子们有所收获"这些问题，各年龄组教师们展开了小组教研。

案例 1-6   **小组教研:自制玩教具**
与户外传统游戏相融合

　　教师们充分发散思维,遵循"教育性、科学性、安全性、创新性、趣味性、简易性、实用性"等原则,秉持废物利用、环保经济的理念,结合小、中、大各年龄段幼儿的年龄特点,遵循幼儿的最近发展区,将生活中常见的材料变废为宝,结合户外传统游戏初步构思出了多种户外自制玩教具的制作方案。

　　自制户外传统游戏玩教具的教育价值:该玩教具取材方便,便于自制推广。可拆卸组合,操作具有多样性。作为制作材料的呼啦圈、彩带、沙包等可用于户外运动区供单独玩,也可以组合起来开展各种体育游戏和益智游戏。孩子通过与玩教具的互动,在投掷、抛接、运送等体育游戏中,发展基本动作,锻炼身体的协调性、灵活性及手眼协调能力等,提高参与体育活动的兴趣。而棋类、迷宫、编织等益智游戏则能发展幼儿的动手能力,开发智力,训练思维。在这些游戏中,孩子有合作、有竞争、有挑战,社会交往能力得到提高,社会性也得以发展。

一级指标	二 级 指 标
教育性(20分)	符合幼儿园的课程目标和教育内容
	玩教具的知识、概念适合幼儿的认知水平
	玩教具形象生动,能激发幼儿的想象
科学性(20分)	玩教具知识、概念和原理正确,符合科学原理
	玩教具的使用方法科学,符合幼儿的发展水平
安全性(10分)	材料不含有毒物质
	材料和成品没有尖锐的棱角、锋利的边缘和裂缝等
	玩教具的体积不能过小,零件要不易松动
创新性(20分)	使用材料让人耳目一新
	结构新颖,别具一格

一级指标	二级指标
	使用方法推陈出新
	材料具有多功能性和可变性,利用幼儿多种感官整体发展
趣味性(10分)	玩教具的设计角度能从幼儿的审美情趣出发
	玩教具的色彩符合幼儿年龄特点,造型独特
	玩教具操作过程有趣,能激发幼儿的活动兴趣
	操作的方法多样,具有可探索性
简易性(10分)	材料容易取得,可就地取材
	材料成本低廉
	制作方法简单
	操作方法简单,使用方便
实用性(10分)	便于清洗和消毒
	坚固耐用
	符合环保要求,可循环使用
	具有开放性,有利于幼儿探索
	体验一物多玩

灵动游戏: 以户外活动大循环为基础,结合轻器械、音乐节奏队形等活动形式,开展幼儿自主、自选、乐于参与的户外体育运动,以此促使幼儿健康成长,从而为未来的学习和生活创造良好的基础。为此,教师应当合理应用多种不同的方式,结合多方面因素,促使幼儿在活动中感受成功的乐趣,进而得到有效锻炼。

在灵动游戏开展的过程中,教师辅助组织、幼儿自主参与的同时,会呈现出一些问题。这就促使教师知行合一,在做中思、思中行,通过围绕园所活动场地展开的多次教研,调整场地的使用和不同器械的玩法与指导策略,使幼儿在自主游戏中得到更好发展。

"灵动游戏"之体育器械的使用方法

我园体育器械种类多,器械存放在体育器械间里会造成教师组织户外活动和幼儿自主进行户外活动的一些困扰。教师在带领幼儿户外活动时,常常会显得手忙脚乱,因为教师一边要组织幼儿活动,一边还要搬出器械,浪费了幼儿活动的时间。有时教师为了省去搬运体育器械,特别是重型器械的麻烦,只让幼儿玩其中少数种类的器械,这样不仅造成了幼儿园户外锻炼内容的单调,幼儿活动的自主权也得不到保障。

针对以上问题,我们对户外场地和器械的摆放进行了改进:

第一是自主取放器械。户外游戏专家尼尔森的研究指出:"缺少足够的存储区角是户外游戏场设计的最大不足,这使教师在户外非常不方便,他们需要的东西应该能随时取到。"因此,在户外创设器械存储区域显得十分重要。我们根据幼儿园的场地实际,对体育器械的摆放位置进行了精心的策划,对于平时能摆放在外面的,尽量摆放在外,避免收放的麻烦;对于平时不便于摆放在外的,就在幼儿园场地的适宜位置增设了许多雨棚,以便幼儿可以随时取放,而不必由教师到较远的地方去取放,这在无形中增加了幼儿锻炼的时间。同时,取放器械权由教师交给幼儿,对幼儿来说也是一次锻炼身体的机会。

第二是自主摆放器械。幼儿拿来体育器械后,有了自己摆放的权利。他们可以将器械摆放成自己喜欢的样子,特别是轮胎、呼啦圈、海绵棒、木板等低结构的体育锻炼器械,幼儿在玩的时候可以将它们进行重新组合和相互补充辅助,在不同的情境中发挥其不同的作用。幼儿在摆放的过程中,不仅学会了根据自己游戏的内容来摆放器械的样式,更学会了根据自己的能力来调节器械的高度、长度和坡度等,在提高幼儿体能的过程中,无形中还发展了其合作交往等多种能力。同时,幼儿在开放性的体育活动中感受到了低结构材料的趣味性,更在不断的创新中玩出了精彩、玩出了快乐。

（二）"跃动游戏"的评价要求

结合幼儿园开展的"跃动游戏"评价体系,将"跃动游戏"中的"灵动游戏""我爱运动"两部分户外健康活动课程整合在一起,进行评价(详见表1-4)。

表1-4 "跃动游戏"评价表

评价内容	评价标准	权重分	得分
我爱运动	1. 幼儿能随着音乐的节奏做活动热身。	10	
	2. 在教师的带领下能动作标准做早操。	10	
	3. 教师带操精神饱满。	10	
	4. 早锻炼的内容达到了幼儿的运动量。	10	
	5. 能够主动地参加户外运动,动作协调,灵敏。	10	
	6. 能够独立思考和表述。	10	
	7. 教师提醒幼儿做好体能活动准备。	10	
	8. 教师参与到各自负责的运动区,做好幼儿动作的指导。	10	
灵动游戏	1. 熟悉各种器械,尝试利用综合器材灵活、协调地完成钻、爬、攀、悬垂、滑动等动作。有协调自己身体的意识,敢于挑战,不怕困难。	10	
	2. 教师能在各自的区域,以正确的动作要求指导幼儿。	10	
合计得分		100	

三、推行"跃动生活",体验多元化的健康活动

"跃动生活"课程是从幼儿生活入手,通过直接感知、实际操作、亲身体验,增强幼儿对健康生活的体验和美好事物的感悟。

（一）"跃动生活"的内容与组织形式

"跃动生活"由"我爱厨房"和"陶艺工坊"两个部分组成,在小厨房和陶艺功能教室中结合幼儿的年龄特点和生活经验,提供丰富的环境与材料,每周针对不同年龄段的幼儿开展。

我爱厨房: 在独立的小厨房体验活动功能室,并配备专业的厨房电器、儿童专用操作的炊具等。小厨房课程的设置系统、科学,结合传统文化、中外的饮食文

化等内容,开展形式多样、内容丰富的实操活动。小厨房内有专业的课程领域教师和研发团队,采用集体教学的形式,引导幼儿在活动中充分体验和操作,感受自己动手丰衣足食的乐趣,做到让课程"活"起来。下文是厨艺室活动安排表及厨艺室活动记录(详见表1-5、表1-6)。

表1-5 2020—2021上学期厨艺室课程安排表

班级	月份	课程内容
小班	十月	珍珠丸子
	十一月	香蕉派
		猫耳朵
	十二月	棒棒糖馒头
		茶叶蛋
	元月	冰糖葫芦馒头
		南瓜派
中班	十月	炒拉条
	十一月	蜗牛馍
		糖包
	十二月	饺子
		五彩拌饭
	元月	烧麦
		玫瑰花馍
大班	十月	煎饼
	十月	蝴蝶馍
		五彩拌饭
	十二月	包子
		炸酱面
	元月	蒸饺
		枣馍

表 1 - 6　厨艺室活动记录表

活动地点:厨艺室	活动班级:中一班
活动时间:2021.3.24	活动内容:美味三明治

食材准备:吐司面包、牛肉肠、西红柿、黄瓜、生菜、草莓酱

活动流程:
第一步:教师介绍做三明治需要的食材。
第二步:教师介绍放配菜的基本步骤,并作正确的示范。
第三步:教师引导幼儿操作,适时介入。
第四步:幼儿分享交流自己做三明治的经验。
第五步:品尝自己的劳动成果。

幼儿活动情况:

活动评价:
　　开展活动之前我做了充分的物质准备,为幼儿准备了健康、丰富的食材,让幼儿在活动中充分动手、动脑制作三明治。通过本次活动,孩子基本掌握制作三明治的方法,了解制作三明治需要的基本食材。在制作过程中,中班的幼儿积极探索,主动参与,幼儿动手能力较上学期有很大提高,对于使用安全刀具切,手的撕、捏等动作都灵活娴熟。合作意识逐步增强,在小组配合下,制作效率很高。每组制作后,都会有多出来的几个三明治,孩子们不仅品尝了自己的劳动成果,也会与同伴分享。

　　陶艺工坊:在陶艺工坊中,基于团队教师设计的课程,有主题、有计划地引导幼儿专注地用陶泥塑造物体,由陶艺专职教师开展落实。幼儿运用揉、团、搓、捏、接等方法自由地改变陶土的形态,激发了自身探索陶土塑造新方法的浓厚兴趣。眼、脑、手三方面的协调运用,更使得创新意识、创造性思维、实践能力

得到和谐发展。以下是陶艺室活动安排表及陶艺室活动记录(详见表1－7、表1－8)。

表1－7　2020—2021上学期陶艺室课程安排表

班级	月份	课程内容
小班	十月	糖葫芦
	十一月	毛毛虫
		小蜗牛
	十二月	太阳公公
		年年有鱼
	元月	七星瓢虫
		小闹钟
中班	十月	仙人掌
	十一月	大树妈妈
		蝴蝶
	十二月	小刺猬
		年年有鱼
	元月	太阳花
		沙发椅
大班	十月	笔筒
	十一月	好看的瓦当
		茅草屋
	十二月	泥版画
		年年有鱼
	元月	脸谱
		小花篮

表1-8 陶艺室活动记录表

活动地点:陶艺室	活动班级:大二班
活动时间:2021.1.12	活动内容:小花篮

材料准备:陶泥垫板、与幼儿人数匹配的足量湿润陶土

活动流程:

1. 谈话引出主题

师:老师今天带来了什么?(出示自制花篮)这么漂亮的花篮你们喜欢吗? 为什么?

幼:喜欢,因为花篮可以装饰环境,可以放漂亮的首饰,可以摆上很漂亮的贺卡。

师:什么时候会送花篮呢?

幼:结婚的时候,店面开张的时候,一些值得庆祝的日子也会送。

师:花篮的用途原来有这么多,如果你有这么一个花篮,想把它放在哪儿? 干什么用呢?

2. 教师讲解

师:泥条分两份,搓成麻花将泥条盘起来,最后装饰。

幼儿活动情况:

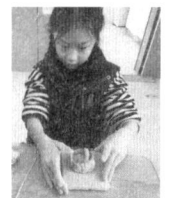

引导幼儿用搓麻花的形式制作花篮的主体,图二的女孩用"花瓣"制作了花篮,这个花篮很受女孩子的追捧。图三的作品是最生动的,一只小怪兽的花篮,就像给花篮赋予了灵魂一样。最后的小男生做了一个心形的花篮。

活动评价:

陶艺是幼儿喜欢的艺术表现形式之一,也是激发孩子潜力的一种途径。幼儿玩泥的过程,就是将自身的经历体验重新组合,并赋予新的意义的过程。陶艺活动是一种创作性的活动,制作时需要幼儿发挥想象力和创造力。经过老师教授基础技巧,加上语言的引导,给孩子充足的信心以及肯定,他们就可以根据自己的兴趣衍生出属于自己风格的作品。就好比这次课程中,当大部分的幼儿都循规蹈矩地用老师教授的适合大多数幼儿的方法时,尽管每个幼儿的作品都做到了完整,但仍有几个幼儿的作品十分出彩。做花瓣花篮的小女生在日常学习中就性格活泼,爱漂亮,喜欢把小仙女挂在嘴上,因此她作品的呈现很符合日常的经验。这次作品做出来就受到了小女生们的争相效仿。小怪兽花篮最能体现创新思维的发展,也体现出幼儿张扬的个性。在这次活动中幼儿产生积极的兴趣,尤其是在独特作品层出不穷的情况下,不仅帮助部分幼儿克服了惰性,而且也使他们沉浸在陶艺创作的过程中。

（二）"跃动生活"的评价要求

"我爱厨房""陶艺工坊"两部分课程发展了幼儿手部小肌肉的力量,在培养该能力的同时也增强了幼儿的健康意识和积极态度,潜移默化地让孩子感受到了健康课程的价值观(详见表1-9、表1-10)。

表1-9 "跃动生活"(小厨房)评价表

对象	评价要求	评价等级（ABC）
食材	1. 食材的选择遵循幼儿的年龄特点。 2. 食材根据天气、季节适时调整。	
幼儿	1. 喜欢参与活动,举止得体。 2. 能充分发挥动手能力,动作协调灵活。 3. 了解食物相关知识和食物制作过程。 4. 制作食物过程中注意刀具使用,有安全意识。 5. 同伴间懂得分工、合作制作食物。	
教师	1. 为幼儿创设温馨、舒适的环境。 2. 活动中可以提出正确的建议。 3. 关心、支持幼儿的活动和发展。 4. 善于观察和倾听。 5. 对幼儿行为和习惯等的养成。	
改进策略		

表1-10 "跃动生活"(陶艺室)评价表

对象	评价要求	评价等级（ABC）
材料	1. 材料的选择遵循幼儿的年龄特点。 2. 灵活调整陶土干湿度,保证方便易操作。	
幼儿	1. 正确使用并爱惜工具。 2. 根据活动内容掌握基础的陶艺制作方法。 3. 乐于参与,积极动手,发挥想象,敢于创作。 4. 能与同伴合作,用语言简单表述创作意图。	

对象	评价要求	评价等级（ABC）
教师	1. 活动中可以提出正确的建议。 2. 关心、支持幼儿的活动和发展。 3. 善于观察和倾听，提供适度的支持。 4. 注重对幼儿良好的行为和习惯等的养成。	
改进策略		

四、打造"跃动社团"，乐享健康梦想

"跃动社团"利用每周固定的时间，在不同年龄段的班级分段开展有主题的社团活动，满足幼儿的兴趣和特长，进一步推动幼儿在身体、动作等方面的发展。

（一）"跃动社团"的内容与组织形式

"跃动社团"根据内容的不同，构建了有特色、有针对性的"动感篮球"和"阳光体操"活动。

动感篮球：主要由具有运动特长的班级教师组织和实施，教师根据个人特长，联合社团教研组，发挥自身优势并结合幼儿年龄和发展特点来设计、研讨活动内容。一方面可以充分发挥教师个人优势，另一方面也能给幼儿带来更加丰富、有趣的健康活动。

阳光体操：提供在开学初期让幼儿自主选择报名参加的社团，活动时间安排在下午，由社团教师带领本社团幼儿进行活动，活动完毕后再将幼儿逐一送回各班。

体操对幼儿体能锻炼及动作发展起着至关重要的作用。它涵盖了走、跑、跳等多种身体运动形式，是孩子们喜爱的一项运动活动。为进一步增强幼儿体质，调动幼儿参加体育锻炼的积极性。我园每学期都会进行一次"阳光体操"社团展示活动，为各年龄段社团的孩子们搭建运动能力展示的平台。各年龄段社团的展示活动包括入场、热身、徒手操、器械操等环节。各年龄组社团教师以幼儿的身体机能发展为基础，幼儿动作发展为出发点，精心策划，积极准备。

图 1 - 6 "跃动社团"活动展示

（二）"跃动社团"的评价要求

为了让活动更加有效地开展,并不断地调整和改进,教师在每学期初和学期末对全班幼儿进行评价,并在每次活动后进行反思,力求在下次活动中做得更好,为此我们制定了评价表(详见表 1 - 11)。

表 1 - 11 "跃动社团"评价表

评价内容	评价标准	评价等级		
		优秀	良好	一般
活动主题	1. 活动主题生动有趣,幼儿乐于参与。			
	2. 活动主题有实际的教育意义。			
	3. 活动主题有审美性,能够陶冶幼儿情操。			
活动内容	1. 内容来源于生活,丰富有趣。			
	2. 选择的内容具有可操作性。			
	3. 内容具有创新性。			
活动组织	1. 组织计划具有周密性。			
	2. 组织形式多样。			
	3. 有责任分工,安全措施到位。			
活动效果	1. 幼儿参与的积极性高。			
	2. 能够达到一定的学习效果。			
	3. 幼儿在过程中快乐参与。			

总评	
建议	

五、发展"跃动联盟",家园协作助力幼儿健康成长

家庭是幼儿园的合作伙伴,幼儿生活的空间不仅仅是幼儿园,家庭环境也是幼儿教育不可缺少的一部分。因此,幼儿健康教育需要家园的共同努力,需要幼儿园与家长密切沟通,争取家庭的积极配合显得尤为重要。培养幼儿健康的生活习惯和生活能力,需要在日常生活中逐步进行并长期坚持,因此更加需要家长的督促和配合。我园以健康教育为契机,不断探索、开辟多种途径,促进家长的主动参与,在教育与活动中体验与更新教育理念,建立健康的教育环境,更好地实现家园共育。

（一）"跃动联盟"的主要做法

1. 让家长"动"起来,走进健康课堂

举办健康教育讲座,渗透健康教育理念。为了让健康教育理念深入家庭,我园每期都会有计划地开展家长课堂。如充分利用骨干教师、名师、专家型教师组成讲师团,定期针对不同年龄段幼儿家长开展讲座,促进家长了解本阶段幼儿生理、心理特点及其教育重点、方法;邀请保健医生从医学角度介绍幼儿需养成的卫生习惯、保健常识及常见疾病预防、急救措施等。通过讲座的开展,能有效地帮助家长了解孩子,了解健康教育的重要性及教育理念,并帮助家长找到有效的教育方法,学以致用。家长参与的积极性提高,对健康教育活动的开展也会更加支持与配合。

2. 开展家长助教活动,利用家长资源丰富健康教育内容

家长有着不同的职业和专业背景。因此,我们尝试挖掘家长资源,赋予幼儿园健康教育更为丰富的内容。如邀请医生家长来园开展"爱护牙齿""保护眼睛""预防传染病"等系列教育活动;邀请警察家长开展安全教育活动,带领幼儿参观交通警察的工作,了解交通标志、规则等;让消防员家长带领孩子参观消防演练,

了解消防安全,掌握自救方法等。家长的职业方便为幼儿提供了更为丰富的认知材料,更真实的情景体验。同时家长的专业也为孩子传递了更丰富、全面、准确的健康常识。我们以健康教育为连接点,让家长能够"动"起来,乐于"动"起来,在参与、实践中体会教育的意义,感受陪孩子成长的快乐,为孩子健康助力。

图 1-7 "护士妈妈"进课堂开展"生病我不怕"活动

(二)"跃动联盟"的评价要求

结合"跃动联盟"的内容与组织形式,我们制定了"跃动联盟"的活动评价表(详见表 1-12)。

表 1-12 "跃动联盟"评价表

评价内容	评价要求	评价等级(ABC)
活动过程	1. 幼儿兴趣浓厚,态度积极认真。 2. 幼儿主动操作感知,不断尝试。 3. 幼儿没有无效等待。 4. 有与人交流的愿望。	
幼儿体验	1. 获得愉悦自己的情感体验。 2. 形成健康向上的生活方式和生活态度。 3. 感受到友好、互相尊重。 4. 学习良好的生活习惯,发展生活自理能力、交往能力。 5. 在自然交往状态中发展合作精神。	

评价内容	评价要求	评价等级（ABC）
组织过程	1. 根据幼儿身心发展特点科学组织。 2. 利用偶发事件进行随机教育。 3. 开展形式多样的活动，通过渗透养成好习惯。 4. 做中培养，注重真实和浸润中练习。 5. 尊重幼儿的主体性，让幼儿成为生活的主人。 6. 考虑个体差异，提出不同的要求。	
资源利用 与开发	1. 学习吸收家庭教育经验，运用多种形式加强家园沟通。 2. 充分利用园内设施为幼儿创造自己动手、自我服务的机会。 3. 重视同伴之间的相互影响，及保教人员的言传身教。 4. 充分利用自然环境和社区教育资源。	

总之，我园将始终秉承"童味园课程"的核心教育观，坚持以儿童为本的发展理念，将"跃动健康"课程继续完善和落实。我们也将指导家长更新健康观念，增强健康意识，重视幼儿的健康教育。形成家园合力，为孩子的健康成长不懈努力。具体来说，我们的"跃动健康"课程建设成效如下：

第一，幼儿体态更加健康，情绪安定愉快，适应能力得到提升。针对小、中、大幼儿制定每季度一次的常规体检活动，保健医生认真做好记录，并对于低体重和肥胖的幼儿给予针对性的指导。教师通过组织丰富多样的"跃动课堂"活动，使幼儿的健康意识得到很大提高，幼儿开始不挑食、偏食，知道零食、甜食不可多吃，并且喜爱运动。小班的幼儿由于环境的变化、亲子分离等原因会出现较大的情绪波动，为帮助小班幼儿尽快适应幼儿园生活，减少紧张、焦虑感，"心灵小帮手"板块开展了"参观幼儿园""玩具分享"等活动，为小班幼儿提供了良好、宽松的环境，使他们体验到幼儿园美好快乐的生活，小班幼儿较快地适应了幼儿园生活，达到良好的情绪体验。

第二，幼儿的平衡能力、力量和耐力有所提高，动作更加协调、灵敏。"跃动游戏"中我爱运动和灵动游戏课程的实施，提高了幼儿机体和机能水平，体质得到增强。小、中班教师通过开展"解救喜羊羊""消灭病毒"等游戏活动，使幼儿在较高、较窄的平衡木上行走,提高了身体的平衡协调能力;大班教师通过开展"穿越火线""单脚跳跃大挑战"等活动,使幼儿在竞赛类游戏中动作灵敏度得到提高,同时幼儿在力量和耐力方面也得到了发展。

第三,幼儿手的动作更加灵活,生活自理能力增强,自我服务意识提高。幼儿的生活自理能力的发展是建立在身体动作发展的基础之上的,尤其是手的动作。在"我爱厨房"和"陶艺工坊"的系列课程中,健康领域与其他领域融合式的活动使幼儿的手部肌肉得到锻炼,对于实现生活自理(如进餐、穿脱衣服)做了良好的铺垫。小班幼儿在入园适应后,自理能力也得到了逐步发展,小班幼儿能在老师的提示和简单帮助下,完成自我服务(如穿脱衣物、盥洗等);中、大班幼儿不仅能够独自进餐、盥洗、排泄自理、穿脱衣物和鞋袜,还能够整理生活用品与学习用品等。中、大班的幼儿手部动作协调灵活,大班幼儿能够使用筷子进餐。手部动作的锻炼,也为幼儿绘画、握笔、书写等技能打下了基础,为幼小衔接做了充足的准备。

第四,幼儿良好的生活与卫生习惯得到提高。通过共同课程、园本课程以及根据幼儿兴趣等生成的班本课程的开展与渗透,幼儿更加喜欢吃瓜果蔬菜等新鲜食品,中、大班幼儿能够主动、自觉地饮用足量白开水,并且不贪喝饮料。在生活中,幼儿能懂得用眼卫生、早晚刷牙、饭前便后自觉洗手,并能熟练掌握"七步洗手法"。自课程实施至今,我园肥胖儿、体弱儿数量逐年减少,与幼儿良好的生活与卫生习惯密不可分。这对幼儿从小形成健康的生活方式,乃至一生的健康都具有重要而深远的意义。

第五,幼儿的安全知识和自我保护能力得到较大提高。在"安全小卫士"课程的实施中,教师系统地、有针对性地引导幼儿学习和掌握基本的安全知识。通过家长进课堂等方式,创设丰富而生动的情境,引导幼儿体验角色,提高安全意识和自我保护能力。幼儿在"与他人交往的安全""对环境中危险事物的认识""运动中的安全""交通安全"以及"求助、防灾"等方面的认知与能力,都有不同程度的提升。

撰稿者:宋安琪

(本章中照片由幼儿园提供)

第二章
绘声语言：让儿童在交流中感受语言的魅力

    语言对于人类来讲，是个体表达自己思维、认知和心理过程的一种高级工具，同时，它也是一种高级神经活动形式。每个儿童都是小小演说家，他们总是喜欢在一起交流和讨论，会有说有笑，也会"剑拔弩张"，但这都是他们之间相互的学习与合作。在和谐共生的同伴群体中，语言的交流与沟通促进了情感的交流与联结，儿童合作学习也使同伴之间不同的经验、观念与想法得到有效生发。鼓励和支持儿童与成人、同伴之间的交流，为儿童创设自由、宽松的语言交往环境，让儿童在情境中体验想说、敢说、喜欢说，充分感受语言的魅力。

郑州市管城回族区回族幼儿园语言领域教研组共有教师 14 名，其中，中小学一级教师 2 人，中小学二级教师 12 人，郑州市骨干教师 5 人，管城区骨干教师 1 人。教研组平均年龄 30 岁，他们充满活力、积极奋进、潜心精研，积极参加各类教学研究活动，在教学实践中关注幼儿的发展，尊重幼儿发展的个体差异，理解幼儿的学习方式和特点，重视幼儿的学习品质。我们依据《3—6 岁儿童学习与发展指南》，推进语言领域课程群建设，取得了圆满的效果。

第一节 关注儿童的语言发展

一、领域课程性质

《3—6岁儿童学习与发展指南》指出："语言是交流和思维的工具。幼儿期是语言发展，特别是口语发展的重要时期，幼儿语言的发展贯穿于各个领域，也对其他领域的学习与发展有着重要的影响。"幼儿语言的发展是指幼儿语言理解和表达能力成长变化的过程和现象，因此幼儿的语言学习与发展非常重要。

幼儿语言学习与发展的核心是语言交往能力的增长，幼儿的语言能力是在交流和运用的过程中发展起来的。幼儿语言发展与其情感体验、生活经验、逻辑思维、社会交往等能力方面密切相关，因此这个阶段学好语言，将为幼儿的终身发展奠定基础。

总之，语言课程领域强调为幼儿创设宽松、自由的语言交往环境；为幼儿提供交谈的机会，鼓励和支持幼儿与成人、同伴交流；家园合作交流，共同培养幼儿阅读兴趣和良好的阅读习惯；鼓励幼儿自主写画，了解文字符号的功能，体会文字的用途，为阅读和书写做准备。通过倾听、表述、欣赏、理解等，重视幼儿的学习特点，关注幼儿语言的发展，从而有效促使幼儿语言领域价值观的落实。

二、领域课程理念

基于上述认识，将语言领域课程的理念定位为"绘声语言"，其核心理念是："让儿童在交流中感受语言的魅力"。我们鼓励和支持幼儿与成人、同伴之间的交流，为幼儿创设自由、宽松的语言交往环境，让幼儿在情境中体验想说、敢说、喜欢说，并能得到老师、同伴及交谈对象的积极回应。

《3—6岁儿童学习与发展指南》中指出："幼儿的语言能力是在交流和运用的过程中发展起来的。"我们认为，幼儿在交流与表达的过程中，应该是自由的、积极的、有兴趣的，并愿意表达自己的想法。为幼儿创造多种形式的交谈机会和条件，无论幼儿的表达能力水平如何,教师都要认真倾听并给予积极的回应。在这个过程中,让幼儿体验语言交往的乐趣,帮助幼儿养成良好的语言行为习惯,形成书面表达的愿望和初步技能。

"绘声语言"是培养倾听习惯的语言。幼儿在语言的学习中,愿意遵守集体生活的语言规则,别人在对自己说话时,眼睛看着对方,保持安静,有礼貌地倾听,不随意打断,并用神态、动作等给予积极回应。

"绘声语言"是发展表达能力的语言。幼儿在语言的表达中,当遇到感兴趣的话题时,愿意与他人交谈。在交谈的过程中,有序、连贯、清楚地讲述事情,逐步地养成良好的语言行为习惯。

"绘声语言"是促进同伴沟通的语言。幼儿在运用语言沟通的过程中,不仅丰富了词汇,还发展了语言表达能力,同时也发展了人际交往能力。

"绘声语言"是体验阅读与书写准备的语言。幼儿在写写画画的过程中体验文字符号的功能,鼓励幼儿运用故事、写写画画等方式表达自己的想法和情感,从中体验阅读文字与书写准备的兴趣。

总之,"绘声语言"课程的建设坚持面向幼儿全体,创设多种活动形式,扩展幼儿的生活经验,使其在生活情境和阅读活动中自然而然地对文字产生兴趣,从而丰富幼儿的语言内容,增强幼儿的理解和表达能力。

第二节　激发儿童交流表达的愿望

《3—6岁儿童学习与发展指南》指出:"应为幼儿创设自由、宽松的语言交往环境,鼓励和支持幼儿与成人、同伴交流,让幼儿想说、敢说、喜欢说并能得到积极回应。"成人要为幼儿创造无所不在的语言教育环境,为幼儿提供支持和鼓励,吸引幼儿与教师、同伴或其他人交谈,特别注意保护幼儿运用语言交往的主动性和积极性,让幼儿在宽松而真实的语言情境中获得有效的经验。

一、领域课程总体目标

为了有效发展幼儿的语言表达能力,幼儿园根据幼儿身心发展的特点,设计了"绘声语言"。其目的在于强调语言教育过程中重视幼儿语言交流能力,丰富幼儿语言表达能力,培养阅读兴趣和良好的阅读习惯,感受语言表达的魅力。根据幼儿园语言领域的育人目标,幼儿园设计了"绘声语言"的总目标:乐意与人交谈,讲话礼貌;注意倾听对方讲话,能理解日常用语;能清楚地说出自己想说的事;喜欢听故事、看图书;能听懂和会说普通话。

二、领域课程年龄段目标

《3—6岁儿童学习与发展指南》中指出:"幼儿的发展是一个持续、渐进的过程,同时也表现出一定的阶段性特征。"同时,幼儿园语言领域包含"倾听与表达"与"阅读与书写准备"两个方面的知识,根据幼儿不同年龄段发展的需求,幼儿园设置"绘声语言"的各年龄段目标(详见表2-1)。

表2-1　"绘声语言"领域课程年龄段目标

年龄段	倾听与表达	阅读与书写准备
小班	共同目标: 1. 能听懂日常用语,别人对自己说	共同目标: 1. 主动要求成人讲故事、读图书。爱护图

年龄段	倾听与表达	阅读与书写准备
	话时能注意倾听并做出回应。 2. 愿意在熟悉的人面前说话,能大方地与人打招呼。 3. 愿意表达自己的需要和想法,必要时能配以手势动作,说话自然,声音大小适中。 4. 能口齿清楚地说儿歌、童谣或复述简短的故事。 5. 与别人讲话时知道眼睛要看着对方,能在成人的提醒下使用恰当的礼貌用语。 园本目标: 1. 有表达的愿望,愿意与人交往,能用较简单的语言表达自己的意思和需要;说话时态度自然,有礼貌。 2. 能安静地倾听别人讲话,听懂后能做出相应的反应;养成在集体活动中倾听别人讲话的习惯,不随意打断别人的讲话。	书,不乱撕、乱扔。 2. 喜欢跟读韵律感强的儿歌、童谣。能听懂短小的儿歌或故事。 3. 观察画面,能根据画面说出图中有什么、发生了什么事等。 4. 能理解图书上的文字是和画面对应的,是用来表达画面意义的。 5. 喜欢用涂涂画画表达一定的意思。 园本目标: 1. 喜欢听故事、朗诵儿歌,在理解文学作品内容的基础上,能够用语言、动作有感情地表达;在欣赏文学作品的基础上,学习文学作品中的语言。 2. 喜欢阅读图画书,学习看书的方法,初步养成阅读的好习惯;喜欢发现、指认、讲述画面中的人或物,感受口头语言与文学语言的不同。
中班	共同目标: 1. 在群体中能有意识地听与自己有关的信息。能主动使用礼貌用语,不说脏话、粗话。 2. 能结合情境感受到不同语气、语调所表达的不同意思。 3. 愿意与他人交谈,喜欢谈论自己感兴趣的话题。 4. 能基本完整地讲述自己的所见所闻和经历的事情,讲述比较连贯。 5. 能根据场合调节自己说话声音的大小,别人对自己讲话时能回应。	共同目标: 1. 反复看自己喜欢的图书。喜欢把听过的故事或看过的图书讲给别人听。 2. 对生活中常见的标识、符号感兴趣,知道它们表示一定的意义。能大体讲出所听故事的主要内容。 3. 能根据连续画面提供的信息,大致说出故事的情节。能随着作品的展开产生喜悦、担忧等相应的情绪反应,体会作品所表达的情绪情感。 4. 愿意用图画和符号表达自己的愿望和想法。 5. 在成人提醒下,写写画画时姿势正确。

年龄段	倾听与表达	阅读与书写准备
	园本目标： 1. 乐意围绕一定的话题和老师、同伴交流自己的想法，能大方地在集体面前说话；能集中注意倾听别人的谈话，学习用轮流的方式与人谈话。 2. 能认真观察并理解图片和情景中发生事件的先后顺序，学习按照一定的顺序讲述观察到的内容；愿意主动在集体面前讲述；积极倾听别人的讲述，发现异同，并从中学习适当的讲述方法。	园本目标： 1. 积极参加文学活动，主动感知文学语言与日常生活语言的不同；能初步理解文学作品的人物形象特征、情节变化，并能运用自己的已有经验，发起和参与围绕作品内容展开的讨论；能根据作品提供的线索，通过想象仿编或续编一个情节或者一个画面。 2. 愿意和他人一起阅读图书；能初步理解图书中的画面内容，愿意预测故事情节发展，并就图书内容提出自己的想法；初步了解图书的基本构成；愿意在真实的活动中使用绘画或涂写等手段实现交流的目的，愿意尝试合作制作图画书；在阅读过程中产生主动探索汉字的愿望。
大班	共同目标： 1. 在集体中能注意听老师或其他人讲话，听不懂或有疑问时能主动提问。 2. 能结合情境理解一些表示因果、假设等相对复杂的句子，愿意与他人讨论问题，敢在众人面前说话。 3. 能有序、连贯、清楚地讲述一件事情。讲述时能使用常见的形容词、同义词等，语言比较生动。 4. 别人讲话时能积极主动地回应。能根据谈话对象和需要，调整说话的语气。 5. 懂得按次序轮流讲话，不随意打断别人。能依据所处情境使用恰当的语言，如在别人难过时会	共同目标： 1. 能够专注地阅读图书。喜欢与他人一起谈论图书和故事的有关内容。 2. 对图书和生活情境中的文字符号感兴趣，知道文字表示一定的意义。 3. 能说出所阅读的幼儿文学作品的主要内容。 4. 能根据故事的部分情节或图书画面的线索猜想故事情节的发展，或续编、创编故事。 5. 对看过的图书、听过的故事能说出自己的看法。愿意用图画和符号表现事物或故事。 6. 会正确书写自己的名字。 7. 写画时姿势正确。 园本目标： 1. 乐意欣赏各种形式的儿童文学作品，能

年龄段	倾听与表达	阅读与书写准备
	用恰当的语言表示安慰。 园本目标： 1. 能认真倾听别人谈话，理解对方讲话的要点，并能有意识地注意对方的反应并做出正确的应答。 2. 能主动使用适当的语言表达自己的想法，乐于参与讨论和辩论，愿意发表自己不同的意见；在集体面前讲话清晰，态度自然大方，声音响亮。	理解作品中的人物形象及表达的情感；在欣赏不同体裁的儿童文学作品中，充分感受文学作品的多样性以及不同作品带来的不同的美感体验；理解文学作品的主要内容和主题，尝试根据作品提供的想象线索及结构，联系个人已有经验扩展想象，进行仿编和创编。

第三节　给予儿童倾听和表达的机会

幼儿园的课程形式是多种多样的,基于"童味园"课程的理念,我们从多个角度出发,构建出"绘声语言"课程框架。

一、领域课程结构

根据幼儿语言领域学科的核心素养、思维方式和发展水平,"绘声语言"以幼儿园五大领域中的语言领域课程为主,以"拓展生活经验、丰富语言内容、增强理解表达能力"的模式,运用多种活动形式,结合生活情境,为幼儿提供倾听、交谈、阅读的条件,发展幼儿的语言能力。依据《3—6岁儿童学习与发展指南》中语言领域的教育建议:"多给幼儿提供倾听和交流的机会""为幼儿创造说话的机会,体验语言交往的乐趣""激发幼儿的阅读兴趣,培养阅读习惯""在写写画画的过程中体验文字符号的功能,培养书写兴趣",幼儿园将其内容整合分为"绘倾听""绘表达""绘阅读""绘书写"四大类别主题课程(如图2-1所示)。

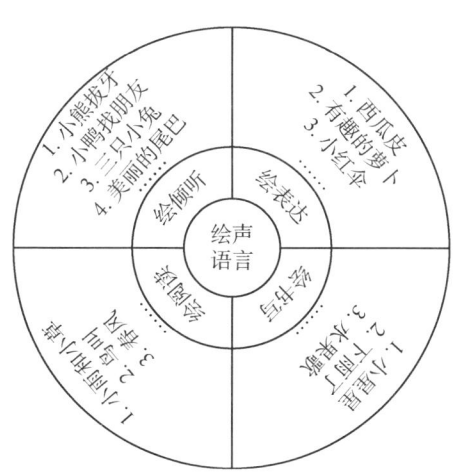

图2-1　"绘声语言"课程结构图

上图中,各板块课程内容如下:

绘倾听:利用故事、绘本为载体,通过"晨暮读"活动形式,教师根据幼儿兴趣选取古今中外经典的绘本,有目标、有主题地开展阅读活动,从而形成良好的倾听习惯。

图2-2 "绘倾听"活动展示

绘表达:在开展谈话活动时,选择幼儿感兴趣的话题,丰富幼儿知识、开阔幼儿视野的话题,及培养幼儿良好行为习惯的话题,通过主题活动以及晨间谈话的形式,来创造无处不在的语言教育环境,从而吸引幼儿与教师、同伴或其他人交谈,让他们在宽松而真实的语言运用情景中获得有效的语言经验。

图2-3 "绘表达"活动展示

绘阅读:包含师幼共读、幼幼共读、家幼共读等形式。通过多样化的阅读形式,激发幼儿阅读兴趣,促进幼儿阅读习惯的养成,同时,幼儿在丰富口语词汇量、发展口语表达能力以及提高阅读理解能力等方面都得到很好的锻炼。

图 2-4 "绘阅读"活动展示

绘书写:通过儿歌、故事创编、文学欣赏等内容,引导幼儿把自己看到的、听到的、感受到的,用符号、图画、文字的方式记录下来,在写写画画的过程中体验文字符号的功能,培养书写兴趣。

图 2-5 "绘书写"活动展示

二、领域课程设置

语言是人与人之间沟通交流的工具。幼儿语言能力的培养不仅只是在教学活动及游戏活动中进行,还应渗透在幼儿园一日活动中的每个环节。因此,幼儿园将"绘声语言"课程内容设置如下(详见表 2-2)。

表 2-2 "绘声语言"特色课程设置表

年龄班		绘倾听	绘表达	绘阅读	绘书写
小班	上学期	共同课程： 1. 小芽芽 2. 最好吃的蛋糕 3. 不肯洗澡的小猪 …… 园本课程： 1. 小铃铛 2. 小蚂蚁真有趣 3. 小鸭子找朋友 ……	共同课程： 1. 我喜欢的玩具 2. 快乐的春游 3. 小松鼠让座 …… 园本课程： 1. 咱俩一起玩 2. 七彩象 3. 吹泡泡 ……	共同课程： 1. 小熊种豆子 2. 会走动的鸟窝 3. 小兔子找太阳 …… 园本课程： 1. 小兔子拔萝卜 2. 捉蜻蜓 3. 小花鼓 ……	共同课程： 1. 你好，幼儿园 2. 汤姆上幼儿园 3. 我爱幼儿园 …… 园本课程： 1. 哭哭笑笑 2. 身体总动员 3. 小蜗牛旅行 ……
	下学期	共同课程： 1. 小熊拔牙 2. 小鸭找朋友 3. 三只小兔 …… 园本课程： 1. 猜猜是谁 2. 小花鼓 3. 小熊种豆子 ……	共同课程： 1. 快乐夏天 2. 新玩具一起玩 3. 我喜欢的小动物 …… 园本课程： 1. 我不发脾气 2. 鸭鸭的大锤子 3. 四个好朋友 ……	共同课程： 1. 小雨和小草 2. 鸟叫 3. 春风 …… 园本课程： 1. 我会自己做 2. 两只小象的故事 3. 小蚂蚁 ……	共同课程： 1. 小星星 2. 下雨了 3. 水果歌 …… 园本课程： 1. 小兔和狐狸 2. 小蜜蜂 3. 大象走路 ……
中班	上学期	共同课程： 1. 好饿的小蛇 2. 熊妈妈请客 3. 咪咪和汪汪的信 …… 园本课程： 1. 看谁跑得快 2. 创意飞行器 3. 交通乐园 ……	共同课程： 1. 欢迎新朋友 2. 我升中班了 3. 怎样使身子暖和 …… 园本课程： 1. 威威的一天 2. 剪头发 3. 英勇的消防员 ……	共同课程： 1. 三颗星星 2. 小树叶找妈妈 3. 小雨点，沙沙沙 …… 园本课程： 1. 消防车出动 2. 热闹的街道 3. 好忙的动物医院 ……	共同课程： 1. 花瓣、树叶、草片 2. 三条鱼 3. 堆雪人 …… 园本课程： 1. 我长大想当 2. 小蚂蚁进洞 3. 地底下的迷宫 ……
	下学期	共同课程： 1. 鹅大哥出门 2. 小羊过桥 3. 小兔的尾巴	共同课程： 1. 西瓜皮 2. 有趣的萝卜 3. 小红伞	共同课程： 1. 电话风筝 2. 春天里的故事 3. 红靴子	共同课程： 1. 拍手歌 2. 微笑 3. 春天在哪里

年龄班		绘倾听	绘表达	绘阅读	绘书写
		······ 园本课程： 1. 你看起来真好吃 2. 我是小恐龙 3. 恐龙的秘密 ······	······ 园本课程： 1. 虫虫运动大会 2. 虫虫剧场 3. 一起捕捉虫 ······	······ 园本课程： 1. 快乐的夏天 2. 小狗的地洞 3. 迷你的超市 ······	······ 园本课程： 1. 认识梯形 2. 够不够 3. 找好朋友 ······
大班	上学期	共同课程： 1. 月亮船 2. 粽子里的故事 3. 十二生肖的传说 ······ 园本课程： 1. 你的牙齿我的牙齿 2. 牙齿好朋友 3. 动物朋友的牙齿 ······	共同课程： 1. 怎样做大姐姐大哥哥 2. 明明的星期天 3. 找小鸭 ······ 园本课程： 1. 细嚼慢咽不说笑 2. 我的名字 3. 我知道的地方 ······	共同课程： 1. 我小时候的衣帽 2. 我的名字 3. 小花籽找快乐 ······ 园本课程： 1. 找影子 2. 丰收的果篮 3. 小象长鼻子 ······	共同课程： 1. 我想 2. 恐龙 3. 小水滴旅行记 ······ 园本课程： 1. 有趣的线 2. 光影游戏 3. 我和筷子做朋友 ······
	下学期	共同课程： 1. 云朵面包 2. 我会说对不起 3. 小动物去郊游 ······ 园本课程： 1. 牛牛的牙齿 2. 大战牙齿细菌 3. 护牙行动 ······	共同课程： 1. 猴子学样 2. 小鸡过河 3. 大灰狼娶新娘 ······ 园本课程： 1. 拆礼物 2. 骑车出游 3. 好玩的自行车 ······	共同课程： 1. 我喜欢收集 2. 孙悟空打妖怪 3. 城里来了恐龙 ······ 园本课程： 1. 换一换 2. 聪明的小鸭子 3. 玩具交易会 ······	共同课程： 1. 爷爷一定有办法 2. 桃树下的小兔 3. 马路上的标志 ······ 园本课程： 1. 磁铁划小船 2. 魔法镜 3. 黑白世界 ······

在课程实施之前，各班教师以课程小组提供的"主题计划"为依据，结合教师在教育教学过程中的专业优势以及班级幼儿的发展水平，制定班级周活动计划与日计划，创造性地落实课程目标。基于共同课程和园本课程，根据班级幼儿的兴趣点及话题生成班本课程，有时候一个简单的话题，就能引起幼儿极大的兴趣，由此班本课程便应运而生。

班本课程：有趣的线

一、课程来源

一天午睡起床时，孩子们都陆陆续续穿好裤子鞋子，突然石头小朋友大喊："看，我裤子上的线跑出来了。"于是，旁边的孩子们围过来，并展开了一场关于"线"的讨论。"你见过什么样的线？""线的作用是什么？""哪里可以找到线？"……从孩子的兴趣点出发，确定以"有趣的线"为本次班本课程主题。

二、课程脉络图

班级教师根据幼儿的兴趣，在幼儿已有经验的基础上，对活动进行了一定的预设，将"有趣的线"具体分为"东寻西觅来找线""追根问底来探线"及"奇思妙想来玩线"三部分，并追随童思，进行生成性学习。

三、关键经验

《指南》中关于4—5岁幼儿科学领域的发展目标指出：1.幼儿常常动手动脑探索物体和材料，并乐在其中。2.幼儿能对事物和现象进行观察比较，发现其相同与不同。3.能用图画或其他符号进行记录。

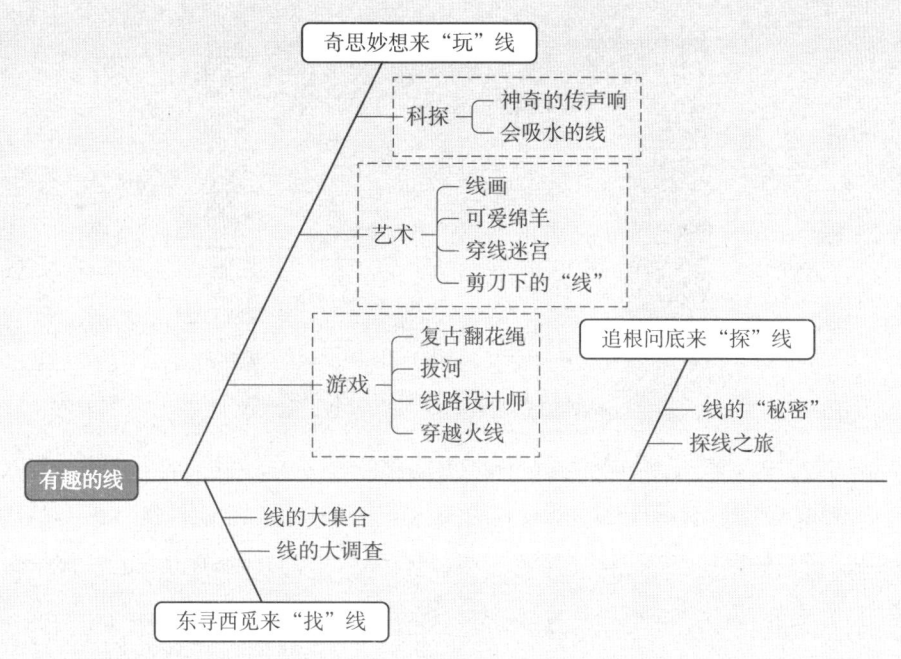

奇思妙想来"玩"线

科探 —— 神奇的传声响
　　　　 会吸水的线

艺术 —— 线画
　　　　 可爱绵羊
　　　　 穿线迷宫
　　　　 剪刀下的"线"

游戏 —— 复古翻花绳
　　　　 拔河
　　　　 线路设计师
　　　　 穿越火线

追根问底来"探"线
　　　　 线的"秘密"
　　　　 探线之旅

有趣的线

线的大集合
线的大调查

东寻西觅来"找"线

四、课程生成与实施

（一）东寻西觅来找线

1. 线的大调查

围绕孩子们讨论的话题,班级教师整理出一张调查表,利用家园共育的方式请爸爸妈妈和孩子一起搜集身边的线。小朋友们通过大调查,发现了许多生活中常见的线,并且认真记录它们的名字,观察它们的颜色,了解它们的用途。

孩子们将调查表带到幼儿园,并进行了自主分享交流。六六:"你找到的是什么线啊? 我怎么没见过?"铭泽:"这是我爸爸钓鱼的鱼线。"涵涵:"快看我的,我把线画出来了。"安琪:"我把我扎头发的线贴上去了。"我们还组织了一场介绍会,让每个孩子都有机会介绍自己的发现。南希说:"我在床头柜里找到了缝东西的棉线。"仁泽说:"我在爸爸的电脑上找到了数据线,那是充电用的。"嘉琦说:"我在家里找到了毛线球,奶奶要给我织围巾。"

2. 线的大集合

经过小朋友和家长的共同调查,我们搜集到了各种各样的线。幼儿也在寻找、

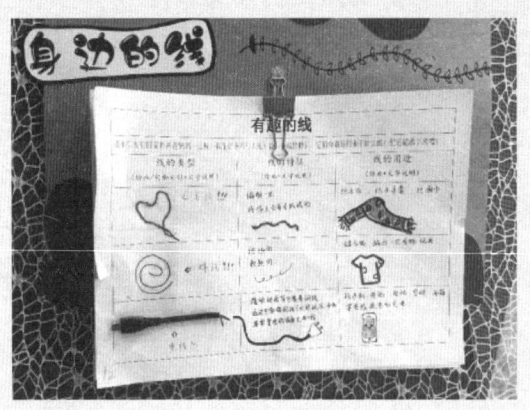

调查的过程中，初步了解、认识了它们的类型、模样、材质、作用等等。小朋友们寻找到了：毛线、麻绳线、蕾丝、牙线、电线、棉线、数据线等等生活中常见的线。另外，他们在阅读、游戏的过程中还发现了大自然中神秘的线，它们是：地平线、光线、海岸线等。除此之外，每个人都有属于自己的独一无二的线，比如：心电图、手掌纹……

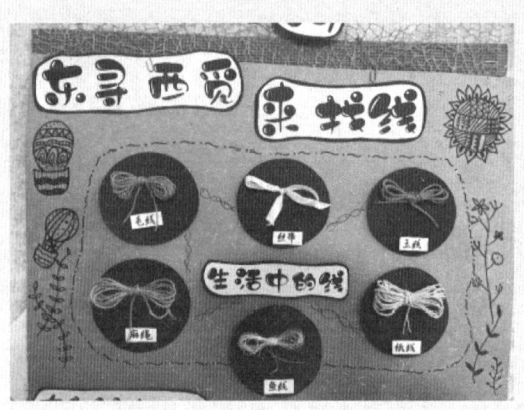

幼儿的经验与学习：幼儿自主发现并分享周围新奇有趣的事物，和同伴一起讨论和分享自己的发现。在寻找、了解、记录、调查的过程中，他们的好奇心和探究欲望得到了满足，培养了良好的学习品质，同时增进了亲子感情。

教师的思考与支持：对于幼儿而言，教师直接灌输是毫无意义的，只有幼儿自己主动感知、探究才能真正将经验内化。为此，我们在课程开启的第一步，设计了"主题活动调查表"，鼓励幼儿自主探究生活中的"线"。这一前期准备，也为幼儿后期积累、巩固经验打下基础。

线的大集合可不止这么多,随着孩子们的步步探究,找到的线越来越多,线的"秘密"和"玩法"也正在被孩子们一步步挖掘……

(二)追根问底来探线

1. 集体探索线的"秘密"

小朋友们通过绘本故事《我和我的外婆》,了解到生活中更多的线。如:电话线、马路线、太阳线(皱纹),并且一起探究不同线的作用、功能、用途。在活动最后环节,孩子们一起和线做游戏,双眼闭上,双脚踩在线上横着走。通过"一绳到底"的游戏,孩子们发现,虽然闭上了眼睛,但是脚底能感受到绳子的方向和纹路。

2. 探线之旅

微风袭来,带着一丝丝凉意,中四班的小朋友们要赴一场"线的约会"。早操后,孩子们列好队伍,整装待发,开启一场"探线之旅"。小朋友们有的望向远方寻线,有的低头找线,都在比看看谁先找到"线"。孩子们都有一双善于观察和发现的眼睛,在幼儿园也发现了许许多多的线,如:地板的缝隙、树叶的叶脉、墙上的线描画、跳房子的线、跑道上的线、跳绳、电动车的电线、挡风被上的荧光线条、光线、耸立的电线杆上的电线……探线之旅中孩子们寻找到了各种各样的线,真实感受到了线的形态特征,也体会到线带给人们的便利。

幼儿的经验与学习:《3—6岁儿童学习与发展指南》中提到,要最大限度地支持和满足幼儿通过直接感知、实际操作和亲身体验获取经验的需要。所以活动中,引导孩子们主动去探索生活中各种各样的线,通过游戏、观察和讨论来探究线的不同形态和用途,发现线的秘密。

教师的思考与支持:教师要激发幼儿的好奇心与探究欲望,真诚地接纳、多方面支持和鼓励幼儿的探索行为,鼓励幼儿在探究的过程中积极动手动脑寻找答案或解决问题。要给孩子们充分的探索过程和适当的引导,让孩子通过亲身实践和操作,真正体验探索的乐趣,发现更多线的奥秘。

(三)奇思妙想来玩线

通过寻线、探线,孩子们对线的认知有了一定的经验,知道了生活中常见的线有哪些,它们的样子、特征以及用途。那"线"可以玩吗?"线"有哪些玩法呢?

1. 线—科学探究

神奇传声筒

有一天，我问孩子们："小朋友们，线可以传递声音，你们信不信？"宝球说："啊？我不信。"关栋在一旁说："我信，我觉得是可以的。"带着这样的讨论，我们有了"神奇传声筒"游戏。在益智区投放了六组不同长短、不同材质的线所制成的传声筒。有棉线、毛线、纸绳线、塑料绳、鱼线等，幼儿通过一听一说，探究线能传声的秘密，体验不同线传声的区别。

2. 线—艺术

（1）穿线迷宫

线条会跳舞、会变形，一根普通的线根据图案依次穿过吸管，最终形成一个完整的图案，如小猫、蜘蛛等。线还能在箱上任意变换形状，变成长方形、梯形等等。在穿线过程中，幼儿手指动作的灵活性和协调性都得到增强，促进了幼儿精细动作的发展。

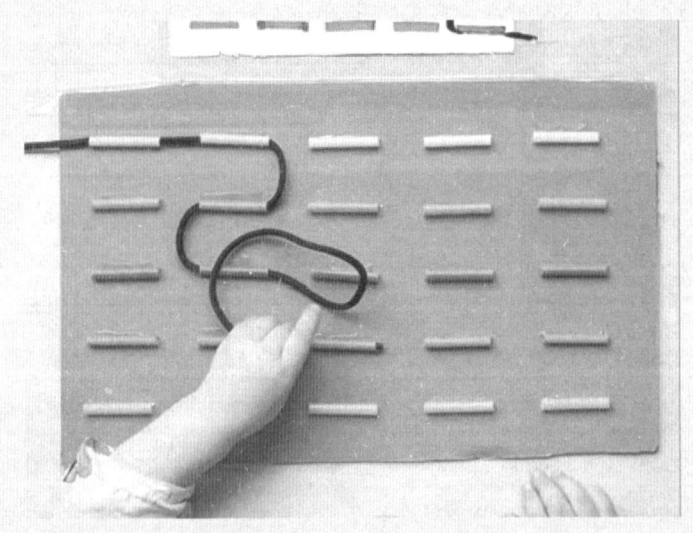

（2）可爱绵羊

开心说："小羊身上有线，是弯弯的螺旋线。"于是我们跟着开心的发现，有了"可爱小绵羊"创意画。通过棉线和胶水，幼儿创造出了一只只活灵活现的小绵羊。

在棉线创意画的创作中,孩子们充分发挥了想象力和创造力,体验到了线不一样的乐趣。

3. 线—游戏

(1) 复古翻花绳

"翻,翻,翻花绳,翻的花样真逗人。你翻小山一座座,我翻面条一根根。"复古小游戏"翻花绳"是孩子们鲜有接触的民间游戏,游戏道具虽仅有一根绳子,但孩子们却玩得不亦乐乎。

翻花绳游戏对于手指不够灵活、双手配合不够默契的幼儿来说,存在着一定的难度。翻绳时,线会不时地从手指上脱落下来。面对失败,他们没有放弃,而是耐心地一次又一次地尝试,直至成功,这不但增加了幼儿的兴趣,还让他们从成功中体验到自己的力量、能量、品尝成功的喜悦,从而增强了自己的自信心。

(2) 线路设计师

在建构游戏中,小朋友们化身"设计师",打算设计一条独一无二的线路。有的说:"我们来搭一条上幼儿园的路线吧。"有的说:"我们来搭一条从家里去游乐园的路线吧"。说着说着,孩子们就开始设计草图、搭建路线。

(3) 穿越火线

利用绳子固定在桌椅上创造游戏环境,绳子绕桌椅围出高低交错的立体空间,幼儿可采用各种姿势穿越火线。穿越过程中,不能触碰火线。为了能顺利通关,孩子们咬紧牙关,匍匐前进。通过游戏,在锻炼身体的同时也锻炼了孩子的意志品质,以及责任意识和抗挫折能力等。

幼儿的经验与学习:随着这些活动的开展,孩子们结合自己的生活经验,将这些线和绳子的玩法发挥到了极致。活动提高了孩子们的动手操作能力、创造力以及想象力等,同时丰富了他们的生活经验,激发了他们探索未知事物的兴趣。

教师的思考与支持:教师要善于给幼儿创造机会和条件,支持幼儿的艺术表现和创造,鼓励幼儿大胆地发现美、创造美、表现美。教师要经常与幼儿一起在户外运动和游戏,鼓励幼儿多与同伴一起开展体育游戏,从游戏中感受玩线的乐趣,体验线这种游戏材料的独特魅力。

五、尾声

生活处处皆课程,一根细细的线,也有如此大的可挖掘性,由孩子们的一个小小发现,延伸出"线"的一系列活动。幼儿在活动中寻线→探线→玩线,层层递进,步步挖掘,不仅认识到了生活中常见的线,还知道了线的不同用途、不同玩法。幼儿由兴趣出发,在过程中提升了主动性、积极性。不过,幼儿虽对生活中的线有了一定的经验,但对一些抽象线认知还不够,后续的活动中会逐渐加入该部分内容,对于线的探索并未停止,我们会继续挖掘线的奥秘。

第四节 多种形式助力儿童乐于表达

　　幼儿时期是学习语言的关键时期,幼儿语言发展在不同阶段表现了不同的特点。我们把语言教育融进幼儿一日的生活,以五大领域中语言领域活动为基准,开展集体活动,组建知识框架。以区域游戏为载体,创设语言、表演、角色区等各项活动内容,促进幼儿运用语言交流能力的同时,发展幼儿人际交往能力。以阅读为纽带,通过多种形式的阅读,激发阅读兴趣,促进阅读习惯的养成。

　　根据幼儿的年龄特点和认知水平,遵循幼儿的学习以游戏为主的原则,幼儿园通过"绘声课堂""绘声社团""绘声阅读""绘声游戏""绘声阅读节"等五种实施途径,激发幼儿学习语言的潜力和热情,让幼儿在表达中感受语言的魅力。

一、构建"绘声课堂",激发表达欲望

　　"绘声课堂"就是学科教师根据课程资源库语言领域的教育教学内容,结合自己的教育教学经验,依托我园园本课程开展的主题活动,通过"绘声课堂"进行的一日生活中的集体教学。让幼儿在活动中真正参与,能够走进幼儿内心的课堂。

　　（一）"绘声课堂"的内容与组织形式

　　"绘声课堂"设计丰富多彩的活动形式,如:故事引导、情景模拟、体验模仿、实物感知等多方面来激发幼儿思维,丰盈幼儿心灵,触动幼儿灵魂,保障幼儿健康,支持幼儿发展。同时结合小、中、大三个阶段幼儿的年龄特点,由全员教师教研共同研讨,最终确定适合不同年龄阶段幼儿学习的内容和教学形式。

　　"绘声课堂"是善于倾听的课堂。幼儿通过语言学习与发展,学会有意识地倾听别人所说的话,形成理解语言的能力。

　　"绘声课堂"是勇于表达的课堂。幼儿通过主题活动,凭借想象理解某种情景,运用语言勇于表达自己的感受和需要。

　　"绘声课堂"是生成性的课堂。鼓励幼儿大胆想象,在学习诗歌时可以仿编诗

句;在理解故事之后想象故事结尾,创编绘本等。

"绘声课堂"是充满期待和鼓励的课堂。我们相信,每个孩子都是一个小小的演说家,可以表达语言的魅力。

案例 2-2

小松树和小桃树

一、设计意图

近期,在大班组开展的园本主题课程"大树朋友"中,我发现班级幼儿对关于和树一起玩这个主题内容很感兴趣。同时,结合班级近期社会性发展培养目标,同伴间能关注别人的情绪和需要,并能给予力所能及的帮助。因此,结合幼儿的兴趣点和发展需求,设计了本节教学活动《小松树和小桃树》。

《指南》语言领域中指出:"5—6岁幼儿根据画面线索猜想故事情节的发展,创编故事;引导幼儿观察画面,结合画面讨论故事内容,学习建立画面与故事内容的联系。"我将通过为幼儿创设一个以看、听、说为主体的语言环境,让幼儿在环境中产生对语言的兴趣,调动幼儿想说、敢说、喜欢说的愿望,促进幼儿积极、主动地参与活动。通过故事引导幼儿学会与同伴相互关爱,善于发现他人的优点和长处。

二、活动目标

1. 仔细观察图片,尝试用清楚、连贯的语言讲述图片的内容和自己的感受。

2. 在对话框的帮助下,丰富两棵树之间的对话并大胆表达。

3. 认真倾听他人讲述,体会朋友之间的关爱。

三、活动重难点

1. 活动重点:尝试用清楚、连贯的语言讲述图片内容和自己的感受。

2. 活动难点:丰富两棵树之间的对话并大胆表达。

四、活动准备

1. 经验准备:有基本的观察图片和讲述的经验。

2. 物质准备:幼儿操作材料每组两套;故事《小松树和小桃树》图片、视频。

五、活动过程 ·······························

（一）谈话导入，迁移幼儿原有生活经验，激发幼儿兴趣。

师：你们都有好朋友吗？

师：你和好朋友都会一起做哪些事情呢？（迁移幼儿原有的生活经验，为后面丰富两棵树之间的对话做铺垫）

（二）出示图片，初步感知理解讲述对象，引导幼儿仔细观察两棵树图片，尝试用清楚的语言讲述图片内容和自己的感受。

师：今天尚老师给大家带来的图片上也有一对好朋友，你们看是谁呢？（出示图片）

师：仔细观察一下，这是两棵怎样的树？左边这棵是什么树？树上有什么？右边这棵是什么树？树上有什么？（引导幼儿认真观察图片，发现两棵树的不同特征）

师：刚才我们观察到的图片内容，谁能用一句话来说说？（引导幼儿连贯讲述）

师：再仔细观察一下，两棵树的心情是怎样的？它们为什么心情是这样的？谁能用一句话来说说自己的感受呢？（引导幼儿大胆表达）

教师小结：是的，这是两棵在一起很开心、快乐的树朋友。大家都能仔细观察图片，并能用清楚的话说出图片内容和自己的感受。

（三）通过个别交流、分组讲述、集体分享，逐步引导幼儿由局部到整体进行有序观察，尝试用清楚、连贯的语言讲述图片内容，激发幼儿已有讲述经验。

1. 出示图片2，引导幼儿仔细观察图片，激发幼儿已有讲述经验。

师：右边这棵漂亮的花树到底是谁呢？我们一起来看一看！（出示图片）

师：请你和旁边的小朋友先观察这棵桃树，然后再一起说说这幅图。仔细看一看，这两棵树有什么变化？它们的心情又有什么变化？它们的心情为什么会变化呢？

师：谁想先来说一说？

教师小结：大家不仅能认真倾听，还能用连贯的话把图片内容和自己的感受说清楚。

2. 出示四幅图片，引导幼儿对比观察，进行分组讲述。

师:这是个怎样的故事呢,故事就在这四幅图里,请你们先按照图片顺序,认真看一看,这几幅图都有哪些变化;想一想,为什么会有这些变化;然后再把这四幅图连起来说一说。

老师给每一组幼儿准备了两套图片,三个小朋友用一套图片,一起说一说。(分组边操作边练习,同时关注幼儿认真倾听的品质)

师:哪一组想先来说一说这四幅图片?

教师小结:你们都能仔细观察图片,清楚说出这两棵树朋友发生的事情。

(四)出示对话框,小组合作,引导幼儿在对话框的帮助下,丰富两棵树之间的对话,引进新的讲述经验。

师:老师这里有一片云朵,云朵里藏着一句话,听一听,这是谁说的话。"嗨,小桃树,你看,你的枝头开满了粉红色的花,多漂亮啊!"

师:猜猜,这是谁说的话? 对,小松树说:"嗨,小桃树,你看,你的枝头开满了粉红色的花,多漂亮啊!"听完松树的话,桃树会说些什么呢? 它为什么会这样说呢?

师:你们想把云朵放在哪里,它会说些什么呢?(个别提问,引导幼儿边操作边丰富角色对话)

师:现在请你们三人一组再来讲一讲两棵树朋友的故事,这次讲的时候可以加上松树和桃树的对话、表情和动作。仔细想一想:好朋友之间会说些什么呢? 最后一起给故事起一个合适的名字。

师:谁还想来分享一下你们的故事?

教师小结:通过大家的仔细观察,不仅能清楚地讲述两棵树朋友发生的事情,还能加上生动的对话、表情和动作,让故事听起来更有趣、更感人。

(五)师幼互动分享,巩固新的讲述经验。

师:听了大家的分享,我也想来讲一讲它们之间发生的故事。(出示视频)

师:我的故事讲完了,大家觉得怎么样呢,谁想来说一说?(引导幼儿对对话内容、语言进行评价)

教师小结:是的,朋友之间相互关爱,相互鼓励,它们的故事好感人啊!

师:老师把这四张图片做成了一本小书,每人一本,看一看,讲一讲,还可以和听课的老师分享感人的故事。(再次提供练习新经验的机会)

（六）活动延伸

师：其实，故事到这里并没有结束。活动结束后，把两棵树接下来发生的事情画在后面的空白页里，下次活动，再分享。（将已有经验内化，应用到续编故事中，再次迁移经验）

依托"绘声课堂"中《小松树和小桃树》主题活动的开展，不仅仅发展了幼儿的语言表达及社会交往，也让幼儿对树叶产生了极大的兴趣。在幼儿的一日生活中，他们常常能捕捉到自然生活中的学习因素，并提出"是什么""为什么"，此时教师能对幼儿的好奇进行捕捉和生成，使幼儿沿着兴趣探索其中更多的知识，这正是自然教育在幼儿亲身体验中形成的探索欲望得到满足的过程。这一过程根据孩子的兴趣可以是课程的整合，抑或是班本课程的悄然而生，更是多领域活动的整合。下面以《多彩的树叶》为例，探索自然教育在课程故事中的运用，还原与幼儿生活相关的自然中的树叶。活动中幼儿动用各种感官来探索活动，通过看一看、说一说、找一找、试一试、玩一玩、做一做，获得在直接经验基础上的积极发展。

案例 2-3　　　　　**多彩的树叶**

《幼儿园入学准备教育指导要点》中的"学习准备"提出："幼儿对大自然和身边的事物有广泛兴趣，努力寻找答案""为幼儿提供广泛接触自然和社会的机会"，体现了激发幼儿走进大自然中的兴趣，强调幼儿在与自然的交互作用中探索世界、培养学习兴趣与能力。自然教育是以自然环境为背景，使儿童融入大自然。通过系统的手段，实现儿童对自然信息的有效采集、整理、编织，形成对社会生活有效逻辑思维的教育过程。以自然为师的自然教育，使幼儿亲身融入大自然中，他们作为活动的主体，主动地参与活动，探索自然的秘密，这与幼儿的学习方式与学习主动性如出一辙。

课程故事的内容来源于本班幼儿的实际情况，围绕幼儿的兴趣、问题展开，反映的是教师、幼儿之间真实的学习探索的过程，极大改变教师"以教定学"的现状。

因此,将以自主发现、直接体验、自我探索为基点的自然教育融于课程故事的生成中,使课程故事的生成真正体现以幼儿为学习主体并贯穿教学始终的教育理念。

一、看一看雨后的操场怎么样?

这是一个细雨蒙蒙的清晨,孩子们来园时的兴致非常高,和老师问好后都纷纷介绍自己怎么来幼儿园的,穿的雨衣雨鞋有什么不同之处,一路上看到了什么高兴的事情,想到外面看一看,下雨后幼儿园的操场还能做操吗⋯⋯听到这里,我请孩子们和我一起到操场上观察下雨后的幼儿园是什么样的。孩子们非常高兴。观察中,一个女生说:"老师,这片叶子掉到地上了,可是它还是绿绿的,很好看的。"旁边小朋友说:"为什么这片叶子有点干了?"孩子们你一语我一言谈论着对树叶的认识和经验,这也似乎揭示着一场关于树叶的探索之旅即将发生⋯⋯听到这里,我说:"你可以把它带回班里看一看什么时候变黄。"这时,其他小朋友都说想捡一些树叶带回班里。于是,每个孩子都捡拾了地上的落叶带回班中。

教师的思考与支持:在上学期"春天来了"的月主题活动中,我们从五大领域出发开展了各类活动,有了关于春天的节气、花草树木的特点等经验准备,但在艺术领域中还缺乏花朵、树叶画法的认知储备,因此想让孩子通过感官接触进行相关体验。恰逢幼儿想在雨后看看操场上的情况,我便抓住孩子的兴趣点引导孩子们体验自然、进入活动、带幼儿捡拾落叶。这一方面体现幼儿互动的层层递进,另一方面充分体现班本课程的随机生成,以孩子兴趣为出发点,帮助幼儿积极体验自然,探索自己发现的世界。

二、找一找细小的"线"是什么?

回到班里后,孩子自发将自己捡拾的落叶冲洗干净,整齐地放在画纸上晾干,互相有说有笑地分享这愉快的经历。早餐结束后,我们便开始了对树叶的探索:说一说树叶为什么落在地上,介绍自己的树叶是什么样的。此时有个小男生说树叶里有很多细细小小的"线",孩子们都把注意力转移到自己手里的叶子上。但有的小朋友却说看不到细细小小的"线"。经过讨论,大家决定以小组合作的方式用放大镜观察树叶里的"线"是什么样子的,并进行观察分享:"用放大镜看树叶的叶脉好清晰呀,每一片叶子的叶脉都是不一样的。"通过大家的积极讨论,借助多媒体的图片和视频介绍,孩子们理解了原来叶脉就像我们身上的血管一样,帮助大树输送养分。

教师的思考与支持:根据幼儿的观察与猜测,通过借助放大镜等工具看一看、说一说,探索发现树叶的结构包括叶脉、细脉、叶片、叶柄等,幼儿在操作与自我设疑解疑的过程中发现细脉的秘密,同时还提升了与同伴的交往与表达。此外,教学中还利用多媒体技术,使幼儿能直观了解树叶的作用。

三、试一试这样画可以吗?

活动后,一个小女生提出想画一画自己的树叶,她想把其中的细脉也画得很清楚! 另一个小女生说:"这片树叶太漂亮了,可是我不会画,我可不可以拿着树叶放在纸上画一画形状?"我想,这正是弥补我们班美术绘画及想象力表现相对薄弱的好时机,说道:"你们的想法非常有趣,快去试试吧! 其他小朋友们还有什么创作想法呢?"每个人的方式各不相同,有的把树叶放在头上当作小兔子耳朵,有的想用画笔在树叶上作画,有的想将树叶摆成不同造型临摹,有的闻一闻、看一看树叶,若有所思……此时,需要给孩子更多艺术表现的方法,于是我通过多媒体向孩子展示树叶拼贴画的方法、树叶与折纸结合的手工制作等。用树叶当兔子耳朵的小男生对老师说:"在教室里有许多的纸条和胶棒,能派上用场吗? 怎么从纸条变成圈呢?"一个女生说:"可以用胶棒黏树叶,试一试吧!"

反思:幼儿通过对树叶的亲身体验和了解,激发了以自己的方式表现树叶的欲望,我抓住机会扩大幼儿对于春天植物的认知经验及绘画技能储备,提高对线描画的艺术表达能力,引导幼儿利用材料的组合及多种方式的表现大胆创作。

但这一过程应该给孩子更多试一试的机会,教师在幼儿个性化的表达方面,应再出示更多奇妙的玩法,更好地体现孩子自主的探索与创作。通过活动,孩子给了我莫大的惊喜。他们对这些多彩的树叶"着迷",在午餐后提出要继续画树叶,有提出要换一种方式探索树叶的其他玩法等,还有一个女生说想把树叶带回家观察树叶的颜色变化,把它存起来明年再看。孩子们对于生活中的"小玩意"表现出的好奇与探索欲不正是教育教学过程中应该发扬和呵护的吗?教师是课程的建构者,更是幼儿学习的引导者,给孩子一个可以突破的窗口,他便可以从中望向更远的星辰。

四、搜集树叶形状大调查

在树叶拼贴画的活动中,孩子们对于树叶的形状了解不够,于是在制作过程中,我们决定设计一个"树叶形状大探秘"的调查表,请幼儿回家和家长一起找一找树叶的形状有哪些。幼儿用不同颜色的彩笔和纸张,自主画好表格后将表格带回家继续填充,并利用假期时间和家长到外面找一找树叶,捡拾树叶,并将收集到的树叶形状画在调查表中。在幼儿园里,我们同时利用幼儿园攀爬架旁边小花园里种植的向日葵、红薯、花生等自然资源，再次到户外观察它们的叶子。

教师的思考与支持：利用家园有效联动，使家长和孩子亲临大自然中，发现树叶的不同种类及其特点，家长的经验支持可以帮助孩子获得更多的经验。同时利用幼儿园中现成的自然资源作补充，在完善调查表的同时使幼儿获得系统知识，在自然中孩子们的探索兴趣被充分调动起来，真正体现了"玩中学，大自然就是活教材"的思想。

五、完美保存——做一做树叶标本

当孩子们将在家收集的树叶连同调查表带回幼儿园观察时，有些小朋友发现自己的树叶有的地方由绿变黄了，但有的树叶却一直绿油油的，孩子们疑问连连，为什么会这样呢？怎么才能把它保存下来呢？等它全部都干了是不是就死了……孩子们纷纷表示：会不会放在水里就不会干了？一直在水里会泡烂的吧？我向幼儿介绍制作树叶标本可以对树叶进行保存，同时延伸书签的应用与作用，使活动内容更加丰富。

教师的思考与支持：孩子们对于树叶变色的原因表达了自己的理解，还会猜想树叶是有生命的，等它全部变黄变干就是死了，以此引发想要将树叶保存起来的想法。通过运用放在水里等方法的尝试，引导孩子探索树叶变色的原因，并思考变色之后会变成什么样。根据孩子的猜想进行验证，进入科学领域的更深层次的探究，这样的活动打破按学科组织的体系，采取活动中心的形式，能体现幼儿生活整体性和连贯性，并进行多领域的结合，融会贯通。

当然,活动是灵活且不断生成的,只要体现幼儿为主体的教师支持都是合理的。如果幼儿能够自己种植一棵植物,从选择种子,松土,施肥,观察植物一步步破土而出、发芽、长叶等自然生长过程,深入自然,挖掘自然教育的价值,这对孩子的经验获得是直接的且最有效的。

(二)"绘声课堂"的评价要求

语言活动是一个过程,是一种状态,是在幼儿园一日生活及交往过程中进行的。语言活动应围绕幼儿感兴趣的内容,以幼儿感兴趣的形式设计教学问题,开展交流探讨;让幼儿在愉快的情境中体验语言交流的乐趣,促进幼儿语言的发展。因此我们制定了"绘声课堂"评价表(详见表 2-3)。

表 2-3 "绘声课堂"评价量表

评价指标	评价类别	评价标准	权重分	评分
紧扣童趣	教学目标	1. 目标明确具体,适合幼儿的身心发展特点。	6	
		2. 体现三维目标的整合性,具体明确,具有可操作性。	5	
突出童真	幼儿活动行为	1. 活动兴趣浓厚,积极参与。	6	
		2. 积极参与活动,大胆回答问题。	6	
		3. 在活动中,能表现出一定的倾听能力及表达能力。	6	
		4. 有自主学习、小组交流、合作学习的意识。	5	
追随童思	教师教学行为	1. 每个幼儿有不同程度的收获,多数幼儿能够完成活动目标要求。	6	
		2. 教学方法、手段灵活多样,勇于改革和创新。	6	
		3. 运用先进的教育思想、手段、方法。	5	
		4. 关注活动生成,灵活实施计划。	5	
		5. 体现幼儿的主体性地位和教师的主导地位。	5	
		6. 教态亲切自然、情绪饱满,富有感染力。	5	
		7. 语言准确、简洁、生动,语调高低、快慢适度,富有变化。	5	

评价指标	评价类别	评价标准	权重分	评分
引导童爱	教师课堂表现	1. 教态亲切自然、情绪饱满,富有感染力。	6	
		2. 能够创设宽松民主的教学氛围,师幼关系融洽。	5	
		3. 注重幼儿学习习惯和良好行为习惯的培养。	6	
呵护童心	教师评价	1. 及时发现幼儿需求,面向全体的同时关注个体差异,体现因人施教。	6	
		2. 鼓励引导幼儿积极探索,运用过程性评价。	6	
本次活动亮点:	评价:		总分:	

二、推行"绘声阅读",促进情感认知

"绘声阅读"让幼儿徜徉在书籍的世界。阅读对幼儿在规则建立、情绪认知、交往冲突、矛盾处理等方面都有很好的展现和指引。和幼儿共读中,可以使他们很好地感知社交规则的运用,并丰富情感,提高问题的解决能力。

(一)"绘声阅读"的内容与组织形式

"绘声阅读"以我园"绘声语言"为基础,开设了"倾听时光""绘声书屋""阅读区""亲子共读"等活动内容。

倾听时光: 教师根据幼儿兴趣选取古今中外经典的绘本,有目标有主题地开展阅读活动,每天的晨、暮读时间为早饭和晚饭后。我们根据不同的目标主题及月保教重点制定主题活动内容表。下面以大班晨读暮读活动表为例,每月一主题(详见表2-4)。

表2-4 大班晨读暮读活动内容表

	时间	主题	目标	
大班	十月份	爱国主题	1. 了解国家繁荣富强背后的故事,尊重英雄。 2. 能通过观察,理解图片、情境中蕴含的主要人物关系,并有自己的思想感情倾向。	1.《鸡毛信》 2.《小兵张嘎》 3.《闪闪的红星》 4.《雪地里的小太阳》 5.《一粒种子拯救世界》

时间	主题	目标	
		3. 乐意参与晨读暮读活动,掌握阅读好方法,养成良好阅读习惯。	1.《帽子上戴星的人》 2.《我的祖国》 3.《雷锋故事》 4.《小英雄王二小》 5.《董存瑞炸碉堡》
			1.《金色的鱼钩》 2.《翻过大雪山》 3.《奇怪的大石头》 4.《丰碑》 5.《邓稼先》
			1.《九个炊事员》 2.《一袋干粮》 3.《七根火柴》 4.《狼牙山五壮士》 5.《两个小八路》
十一月份	行为习惯	1. 感受作品的不同体裁及其构成,开始接触文学作品的艺术语言构成方式。 2. 能有重点地讲述实物、图片和情境的内容,突出讲述的重点。 3. 喜欢参与阅读活动。形成良好的阅读习惯。	1.《汉堡男孩》 2.《我绝对绝对不吃番茄》 3.《胖国王瘦皇后》 4.《吃掉你的豌豆》 5.《谁吃了我的粥?》
			1.《多多什么都爱吃》 2.《不吃糖,不许吃蔬菜》 3.《肚子里有个火车站》 4.《牙齿大街新鲜事》 5.《皮肤国的大麻烦》
			1.《是谁嗯嗯在我头上》 2.《起床的好办法》 3.《潘妮,别看电视了》 4.《不一样的卡梅拉》 5.《怕浪费婆婆》
			1.《如果常常这样的话……》 2.《跳着去噗噗啰,我的小宝贝》 3.《哎呀! 好臭》 4.《公主怎么挖鼻屎》 5.《别让鸽子太晚睡》

时间	主题	目标	
十二月份	情感教育	1. 知道书面语言和口头语言不同的表述方式。 2. 能根据故事的部分情节或图书画面的线索猜想故事情节的发展,或续编、创编故事。 3. 积极参与阅读活动,从中得到积极的情感体验。	1.《哇! 变色了》 2.《世界上最糟糕的爸爸》 3.《她来了!》 4.《绿色的船》 5.《早安,城市》
			1.《找到你啦!》 2.《再见了,古纳什小兔》 3.《神奇种子店》 4.《爸爸变成什么了》 5.《我爸爸》
			1.《我妈妈》 2.《跟屁虫》 3.《猜猜我有多爱你》 4.《我永远爱你》 5.《让我安静五分钟》
			1.《小熊和最好的爸爸》 2.《我的爸爸叫焦尼》 3.《朱家故事》 4.《安的种子》 5.《爷爷一定有办法》
一月份	庆新年	1. 对图书和生活情境中的文字符号感兴趣,知道文字表示的一定意义。 2. 能联系个人已有经验扩展想象,并创造性地进行表述。 3. 喜欢欣赏文学作品,感受不同类型文学作品的特点,有欣赏美感受美的能力。	1.《团圆》 2.《过年啦》 3.《打灯笼》 4.《春节》 5.《北京的春节》
			1.《百岁童谣》 2.《年的由来》 3.《我的新衣》 4.《灶王爷》 5.《幸福的新年晚餐》
			1.《斗年兽》 2.《正月正》 3.《好困好困的新年》

时间	主题	目标	
			4.《十二生肖的故事》 5.《嘟嘟的新年祝福》
			1.《虎虎生威》 2.《饺子和汤圆》 3.《年》 4.《新年祈福树》 5.《两只老虎过春节》

图 2-6 "倾听时光"活动展示

绘声书屋：我园特色的多功能教室绘本室，在小小的故事屋中，孩子们通过手偶表演、皮影游戏以及故事小舞台等形式，让幼儿在听一听、看一看、演一演、玩一玩、做一做中体会阅读的乐趣。

案例 2-4　　　**大班绘本剧"大脚丫跳芭蕾"**

一、活动目标

1. 在熟悉故事情节内容的基础上，运用恰当的语句、动作、表情，表现角色的性格特点。

2. 能够与同伴协商、分配角色、合作表演游戏。

3. 知道各角色的出场顺序，体验共同表演的乐趣。

二、活动准备

1. 物质准备：自制舞鞋、裙子、评委证、厨师帽、纸盘、乐器、门。

2. 经验准备：幼儿已熟知故事内容，有初步的表演经验。

三、活动过程

（一）出示图片，引起回忆。

师：上次，我们一起表演了"大脚丫跳芭蕾"，大家还记得故事里发生了什么吗？老师把故事情节的图片带了过来，谁能找出故事发生的先后顺序？

师：哪个情节给你留下了很深的印象？

（二）回忆上次游戏出现的问题，师幼共同商讨解决。

1. 个别角色的扮演者未能按顺序出场。

2. 表演时不够大胆，各角色的性格特点表现得不够突出。

（三）幼儿分组商讨，教师指导。

1. 幼儿推选组长，根据意愿自由组合。

2. 幼儿分组布置游戏场景。（重点指导：鼓励能力弱的幼儿大胆表演，请同组的幼儿给予帮助，引导能力强的幼儿生动地表现不同的角色）

3. 重点引导幼儿在语气、语调上表现角色的特点。

4. 提醒幼儿按各角色的出场顺序，进行集体角色表演。

（四）提出本次活动的要求。

1. 运用多种手法表现各种角色的性格特征。

2. 能和同伴合作、协商进行表演。

3. 爱护游戏材料，不影响同伴。

（五）幼儿体验表演游戏。

（六）活动评价

1. 幼儿互评。

2. 教师评价。

四、活动点评

1. 通过幼儿的表演表现，可以看出幼儿能自主地根据自身的特点选择适合自己的角色。在分配、协商角色的过程中，幼儿与同伴间的配合与合作能力发展得很好。

2. 在表演过程中,幼儿能根据自己的认识和理解,大胆地表现各角色中不同的性格特点。比如:扮演评审委员的孩子对语气、语调的运用,包括语速不紧不慢,又带有威信,表情严厉,给贝琳达不小的打击。贝琳达伤心、难过的情绪状态,衔接得也非常到位。从扮演贝琳达的孩子开场练习跳舞动作中,能看出老师课前给孩子做的经验铺垫丰富,孩子的动作看起来更自如大方,体现出了故事中贝琳达跳舞时"姿态优雅、脚步轻巧灵活"的特点。扮演"乐团"的小朋友,出场的状态非常好、表演投入。不仅表现出乐团的气场、氛围,让台下的老师们也有一种身临其境的感觉。

3. 在创新上:

(1)材料的创新,教师提供简单的道具,给予孩子创想的空间。比如:贝琳达把杆练习舞蹈中,幼儿通过借助白色袖套两人手拉手扮把杆造型;餐厅场景,幼儿借助桌布创想桌子的造型,并通过肢体动作表现桌子、椅子、茶壶等造型。

(2)表现力的创新,比如:第二幕贝琳达参加选拔赛,情节内容丰富,孩子们自导自演,有主持人、评委、观众,现场的气氛非常活跃。且孩子们在其中也是一人多角色,根据不同的场合扮演不同的角色,比如有的幼儿一会儿扮演餐桌,一会儿扮演观众。孩子们的表现使人物角色很鲜活,隐性地体现孩子们的生活经验丰富,并能够进行灵活运用。

(3)角色间的矛盾冲突,孩子们在选择角色的过程中出现了一些矛盾,比如,三个小朋友都想扮演贝琳达。作为大班的孩子,她们能通过语言沟通化解矛盾,甚至有孩子还想到了每个人都来试一试这个角色,演一演,看看谁更适合。为此,表演游戏不仅仅是感受游戏的快乐、理解游戏的玩法,更体现了孩子们在这个类似社会性的小群体中解决问题的能力。

依据绘本剧《大脚丫跳芭蕾》,我们继续创设不同的主题活动。

案例 2-5 绘本剧主题系列活动:不一样的餐厅

一、背景分析

"不一样的餐厅"是绘本主题活动"大脚丫跳芭蕾"中的一个课时。

贝琳达在芭蕾舞选拔大赛落选后,来到餐厅打工,成为了一名餐厅服务员,根据这一场景设计本次活动。餐厅来源于幼儿的生活,节假日、生日、亲朋好友相聚时,大人们都会带着孩子到餐厅用餐。去餐厅吃饭对现在的孩子们来说已经是常有的事情,也是他们所喜欢的。因为餐厅的环境舒适优雅,而且食物丰盛、美味。本次活动的难点就是幼儿怎样通过肢体动作来表现餐厅的场景。幼儿利用自己的已有经验,大胆想象设计自己的餐厅,并通过不同的肢体动作来塑造餐厅的场景,还了解到我们的身体有无限的创作和表现空间。

二、活动目标

1. 能和同伴友好商量,协作进行餐厅的场景设计。

2. 尝试与同伴合作用身体动作塑造餐厅的门、桌椅以及装饰等,感受餐厅环境的多样性。

3. 积极参与讨论,友好地与同伴协商不同意见。

三、活动重难点

1. 活动重点:能与同伴合作用肢体动作塑造餐厅的各种场景。

2. 活动难点:友好地与同伴协商不同意见。

四、活动准备

1. 物质准备:8K 大画纸 6 张、彩笔 6 份。

2. 经验准备:幼儿有去餐厅用餐的经验。

五、活动内容 ·····

（一）引入：游戏"门儿开开"。

幼儿与同伴合作用身体做门的造型，如单开门、双开门、推拉门、电动门、旋转门等，教师扮演顾客从幼儿做成的门中进进出出。

（二）出示餐厅布局示意图，让幼儿了解餐厅的基本设施，发现餐厅不一样的地方。

师：这是我们第一次记录的餐厅的样子，从这张图上可以看出，哪些设施是所有餐厅都有的？除了这些，每个餐厅有不一样的地方吗？

（三）幼儿分组，设计自己的餐厅。

1. 分组并交代任务。

师：大家分组讨论，每组设计一个餐厅，包括餐厅的名称、餐厅的各种设施和装饰。这些东西是什么样子的？在什么位置？商量好后用画图的方式记录下来。

2. 幼儿分组设计，教师巡回指导。

3. 展示每组设计的餐厅，每组请一名代表向其他组介绍自己餐厅的设施与布局。

（四）小组合作用肢体动作表现自己设计的餐厅。

1. 小组合作表现。

2. 展示与交流。

师：这个餐厅有什么不一样的地方？你觉得怎么样？

（五）结束：游戏"有趣的餐厅"。

教师用语言讲述餐厅的样子，让幼儿闭眼想象。

师：我也设计了一间餐厅，你们想知道吗？请闭上眼睛一边听我说，一边想象它的样子。餐厅的门是旋转的，进门后有一双双溜冰鞋，然后有段很长的走廊，可以穿上溜冰鞋向前走。来到大厅，全是汽车样子的包间，围着中间的摆餐台旋转，只要伸手到窗外就能取到食物。一、二、三，睁开眼睛，我设计的餐厅有趣吗？

绘本剧主题系列活动"不一样的餐厅"选自主题活动课例

表2-5 "大脚丫跳芭蕾"绘本剧主题活动一览表

主题流程	活动名称	活动重点	活动目标
导入	绘本欣赏:《大脚丫跳芭蕾》	交流分享 肢体模仿	能用肢体动作或表情表达绘本中自己感兴趣的人、物、事。
表达	我爱跳舞	肢体造型 肢体模仿 空物想象	尝试用肢体动作表现各种舞蹈的动作。 能用肢体模仿芭蕾舞的各种不同动作。
	猜猜我是谁	角色塑造 肢体模仿 装扮	喜欢扮演绘本中自己喜欢的角色,并能积极模仿这些角色的代表性动作。
	不一样的餐厅	肢体模仿 肢体造型	能和同伴合作用身体塑造餐厅的门、桌椅以及装饰等,感受餐厅环境的多样性。
创作	爱跳舞的贝琳达	角色塑造 情节创作 装扮	能模仿、创编出贝琳达爱跳舞的各种造型、动作,了解芭蕾舞的主要特点。
	费莱迪餐厅	角色塑造 情节创作 装扮	能模仿餐厅服务员接待、点菜、上菜等动作。 模仿乐队演奏乐器的动作。

主题流程	活动名称	活动重点	活动目标
	都会大剧院	创景创作 角色塑造 情节创作 装扮	能用芭蕾舞的动作塑造贝琳达爱跳舞的角色。 能模仿评委的人物特点。
	我们一起编剧本	剧本创作	知道剧本由若干幕组成,能和教师确定剧本的内容。 能和同伴分工合作绘制连环画剧本,并尝试为各幕写顺序符号。

表2-6 "大脚丫跳芭蕾"绘本剧表演活动一览表

主题流程	活动项目	活动重点	活动建议
表演	我要扮演×××	确定角色。 选择角色。 扮演角色。	根据剧本的每一幕的内容确定角色,并为角色做标记。
	分幕排演(第一幕:海选)	场景的安排或布置。 熟悉自己扮演的角色的台词。 结合已有的表演经验,能用夸张的表情、动作表演贝琳达跳舞、评委的质疑等情节,在表演中关注情感的细腻表达。	明确自己扮演的角色并确定上下场位置及表演时的站位。 熟悉动作。
	分幕排演(第二幕:费莱迪餐厅)		角色竞争:通过竞选或轮流的方式产生适合幼儿的角色。 图表方式:通过图表方式记录幼儿曾经演过什么角色,以此鼓励幼儿和吸引幼儿尝试扮演多种角色。 不同角色的人物特性,可通过说话的声音和角色表情进行区分,以形象地表现出每个人的不同特点。
	分幕排演(第三幕:都会大剧院)		教师运用旁述策略,用语言描述每个人的表情和动作。 区域活动中可让幼儿尝试进行道具的制作。 幼儿用自己夸张的动作表现角色特点。 能根据音乐的提示进行上下场区分。

主题流程	活动项目	活动重点	活动建议
	完整排演	确定空间。 完整表演情节。 各幕之间能较流畅衔接。	表演时角色多、道具多、有跳舞的情节，因此需要空旷一点的活动室。 教师以旁白的形式衔接各幕。
	正式演出	大胆面对观众表演。 接受他人或自己的评价。	邀请其他班级的幼儿做观众。 演出结束后可请观众说一说贝琳达是一个怎么样的女孩。 可采用评选"我是小明星"的方式激励幼儿。

阅读区：在班级内为幼儿创设一个自由、宽松、愉悦的阅读环境，幼儿在这个舒适的小天地里选择自己喜欢的书，和自己喜欢的朋友一起阅读，这不仅丰富了幼儿阅读的内容，也促进了幼儿之间的交流。

图 2-7　阅读区展示

亲子共读：家长经常和幼儿一起看图书，讲故事，丰富其语言表达能力，培养阅读兴趣和良好的阅读习惯，进一步拓展语言学习经验。亲子共读促进了亲子间的情感交往，让父母的陪伴变得更有意义。

图 2-8 "亲子共读"活动展示

（二）"绘声阅读"的评价标准

为了保障"绘声阅读"活动的有效实施，"绘声阅读"评价可从不同角度入手（详见表 2-7）。

表 2-7 "绘声阅读"评价表

评价内容	评价标准	评价等级（ABC）
内容准备	准备充分，有计划性。	
选取内容	符合幼儿的年龄阶段，多样。	
幼儿表现	愿意参加活动，有热情。	
评价	有目的、有计划、有提升。	

三、开展"绘声游戏"，体验游戏乐趣

语言是幼儿在游戏中进行交往的重要媒介，游戏为幼儿语言的运用与发展提供了一个真实、自然的情境。幼儿在游戏的过程中以一种创造性扩展和丰富的方式运用语言。

（一）"绘声游戏"的课程内容与组织形式

"绘声游戏"是在一日活动中开展的游戏,教师根据幼儿年龄特点及主题活动的需求,创设猜谜语、说笑话、念儿歌、唱歌谣、说反话等形式,使语言游戏更富有意义和乐趣,有助于幼儿学习语言,帮助他们理解词义,掌握语法结构,提高语言幽默感。

猜谜语:利用区角活动的时间,在区角材料中提供一些相应的图片,让幼儿根据图片,猜测答案。

说笑话:在离园前,邀请幼儿给他人讲笑话,游戏的规则很简单:一定要语言和动作恰当,生动地表达出来,一定要把大家逗笑。

念儿歌:利用室内游戏的时间,巩固本周学习的儿歌。

唱歌谣:幼儿入厕等待时,请幼儿领唱歌谣。

说反话:教师说出一个词,请幼儿说出它的反义词。如果教师边说边做出相应的动作,幼儿不仅要说出正确的反义词,而且也要配上相应的动作。

（二）"绘声游戏"的评价要求

"绘声游戏"的评价主要是教师通过对幼儿游戏时的观察进行记录、分析、评价,并根据幼儿的兴趣和遇到的问题,及时调整策略,教师以观察者的身份对幼儿及游戏设计进行评价(详见表2-8)。

表2-8 "绘声游戏"评价表

评价内容	评价标准	评价等级（ABC）
材料准备	开放适度,支持跟进有效。	
儿童游戏	自主投入充分,想象创造,学有所获。	
观察指导	观察解读判断到位,介入支持互动有效。	
师幼关系	儿童充分自发、教师专业引发,融洽、和谐。	
评价	有目的、有计划、有提升。	

在"绘声游戏"评价的过程中,关注幼儿的同时也会关注材料对幼儿的发展作用,及时作出评价(详见表2-9)。

表2-9　区角活动观察记录表

观察对象	满满	性别	男	年龄	六岁
观察时间	2021.12		观察区角		阅读区
班级	大一班		记录教师		王琳琳

观察目的	1. 本班的幼儿能否有序连贯、口齿清晰地讲述一件事情。 2. 本班的幼儿能否说出所阅读幼儿文学作品的主要内容。 3. 本班的幼儿能否专注地阅读图书。
观察情况记录	区域活动时,几位小朋友选择了阅读区。满满也坐在阅读区垫子上翻看着《像狼一样嚎叫》。过了一会儿,看着阅读区的小朋友都准备更换下一本绘本,于是我问道:"谁来说说刚才你读的绘本,书中讲了哪些内容?"话音刚落,满满立马将手高高举起。"好,那请满满来试试。"满满说:"刚刚我看的是《像狼一样嚎叫》。"他翻着绘本讲述着自己看到的内容:"这只小狗想变成狼那样,他跑到山上跳舞、追虫子,还在山上小便,可他不是真的狼……"他一口气说了很多,听他讲故事的几位同伴都看着满满,并且皱着眉头。于是我问他们:"刚刚满满讲的故事,你们都听懂了吗?"孩子们直摇晃着脑袋。满满看着手里的书,合上书后有些不知所措地站在原地。我摸摸他的头说:"刚才你说了很多,但是刚刚在讲故事时说得太轻、太快了。不仅小朋友们没有听清楚,老师也没听清楚。以后可以讲得再慢点,让我们每个人都能听清楚,好吗?"满满点点头,拿着书高兴地回到刚刚的位置,接着看绘本了。之后我发现满满看书时基本能保持专注,旁边的同伴想和他分享看的故事内容,他都没有理会。
分析评价	幼儿表现	满满大胆举手表达自己在绘本阅读中看到的内容,是他积极发言的良好表现,值得表扬。他能告诉同伴这本书是什么,表示他知道绘本的书名,具备一定阅读能力。
	操作材料	图书
支持策略	幼儿	鼓励满满今后讲述自己阅读绘本看到的内容时,心里不要着急,一页一页慢慢地翻、慢慢地讲。并引导满满讲话时注意每个字每句话都要讲清楚,让别人能听清。
	材料	提供种类丰富的绘本,为大班幼儿前阅读、前书写做准备。
效果反思	鼓励和锻炼是行之有效的,在老师和家长鼓励支持下,班上大部分孩子都可以理解很多字。因此,针对本班幼儿实际情况,应当创造更多的机会"充实"幼儿阅读。家园合作方面,建议家长陪伴孩子阅读时,不要打扰孩子看书。可以等孩子看完后再提问题,并鼓励孩子在图书中寻找答案。

四、打造"绘声社团",展现个性风采

"绘声社团"为幼儿打造一个想说、敢说、乐意说的平台,让幼儿可以根据自己的兴趣,自由选择喜欢的活动展示。活动初,幼儿进行自主选择报名自己想参加的社团,到月末的时候,由各班老师组织孩子们在舞台上自由地展现风采。除此之外,在一日生活中,教师也会根据时间安排,设置餐前或餐后自由展示,让幼儿锻炼胆量,尝试参加各种丰富的语言活动。

(一)"绘声社团"的内容与组织形式

"绘声社团"根据内容的不同,分为"小记者社团"和"故事大王社团"。

小记者社团:主要在园内进行新闻采访报道。所采访的新闻时事,多为幼儿园内发生的事件或见闻,以每周新闻播报的形式进行,及时、准确、充分地宣传幼儿园好人好事和园所活动等。

故事大王社团:利用区域游戏时间,将语言区与表演区相结合,根据每月主题活动内容,以游戏的形式,进行故事创编、故事表演、故事比赛等。如十月份我们根据"庆国庆"主题活动,开展萌娃"党史故事我来讲",为幼儿心中播下红色的种子(详见表2-10)。

表2-10 "党史故事我来讲"活动安排表

时间	主题	形式	内容
2021年10月	传承中华美德 绽放诚信之花	讲诚信故事	《狼来了》 《小萝卜头》
2021年11月	红星闪闪 童心向党	诗歌朗诵	《我骄傲,我是中国娃》 《伟大的党》
2021年12月	祖国放心 强国有我	诗歌朗诵	《我的梦想》 《梦想是什么》 《少年中国说》 《我爱我的祖国》

1. 传承中华美德,绽放诚信之花

发扬诚信这一中华民族的优良传统和美德,进一步鼓励孩子们成为一个诚信的人,这是活动的初心。诚,即真诚、诚实;信,即守信用、讲承诺。诚信,是立人之本,人无信而不立。孩子们在活动中用自己的方式述说着如何才能做一个讲诚信

的人,让诚信之花在孩子们的心中生根、发芽。

2. 红星闪闪,童心向党

发扬红色传统,厚植爱党、爱国、爱社会主义情怀,我们努力在孩子们幼小的心灵中播下红色的种子。孩子们用简单有力的话语歌颂着他们对中国共产党英雄人物的敬佩之情,家国情怀弥漫在幼儿园内。

3. 祖国放心,强国有我

孩子是祖国的希望,是祖国未来的接班人。孩子们用稚嫩的童声大声地诉说着自己的梦想:"我的梦想是当一名航天员,我想飞上神秘的太空,去探索黑洞的奥秘";"我的梦想是做一名军人,坚韧不拔,迎难而上,在祖国最需要的时候挺身而出,在人们需要帮助的时候伴在身旁,穿上那一身梦寐以求的军装,做一名顶天立地的军人"等。梦想是伟大的,有了梦想人生才有了意义。祖国放心,强国有我。

《王二小放牛》《海娃巧送鸡毛信》
这群萌娃"讲党史故事"播下红色种子

为发扬红色传统，厚植爱党、爱国、爱社会主义情怀，努力在孩子们幼小的心灵中播下红色的种子，我们开展了"党史故事我来讲""幼儿唱革命歌曲"等学党史系列活动。

大四班幼儿在国旗下讲述了《王二小放牛》《海娃巧送鸡毛信》等革命故事，带领大家在英雄故事中体会先烈的使命担当，领会革命英雄的浩然精神。幼儿张祥羲说："小英雄海娃的故事告诉我们遇到危险时不要害怕，要像海娃一样动脑筋思考，总会想到解决的办法。"不忘初心的舞蹈《红星闪闪》，让幼儿体会了儿童团员潘东子在闪闪红星照耀下不懈努力，成长为红军战士的经历，演绎了拳拳爱国之心，童心勾画未来美好畅想。

孩子们以饱满的热情、稚嫩的声音讲述了一个个鲜活饱满的英雄人物形象。"幼儿讲党史故事"活动将继续在每个班级开展,成为"百年征程 童心向党"教育系列活动中的重要组成部分,增强幼儿爱党爱国情感,传承红色基因。

（二）"绘声社团"评价要求

"绘声社团"主要采用过程性评价方式,从幼儿的兴趣度、参与度、表现度出发,针对幼儿语言能力、交往技能、表现方式等,进行积极正面性评价(详见表2-11)。

表2-11 "绘声社团"评价表

评价内容	评价标准	评价等级		
		优秀	良好	一般
活动主题	1. 活动主题生动有趣,幼儿乐于参与。			
	2. 活动主题有实际的教育意义。			
	3. 活动主题有审美性,能够陶冶幼儿情操。			
活动内容	1. 内容来源于生活,丰富有趣。			
	2. 选择的内容具有可操作性。			
	3. 内容具有创新性。			
活动组织	1. 组织计划具有周密性。			
	2. 组织形式多样。			
	3. 有责任分工,安全措施到位。			
活动效果	1. 幼儿参与的积极性高。			
	2. 能够达到一定的学习效果。			
	3. 幼儿在过程中快乐参与。			
总评				
建议				

五、举行"绘声阅读节",享受阅读时光

为了培养幼儿爱阅读、乐阅读、会阅读的良好习惯,幼儿园开展"绘声阅读节"

活动。激发师幼、亲子之间的阅读兴趣,在阅读游戏的互动参与中,感受阅读时光的美好,同时丰富知识,开阔视野,体验阅读的快乐。

（一）"绘声阅读节"的内容与组织实施

"绘声阅读节"通过开展丰富多彩的活动,进一步营造阅读的氛围,创设书香园所环境。"绘声阅读节"分为家庭图书大调查、建立阅读分享平台、21 天亲子阅读挑战赛、故事爸妈做主播、好书推荐、小小故事大王等活动形式及内容。通过阅读,让幼儿增长、拓展知识,培养幼儿良好的阅读习惯。

家庭图书大调查：鼓励幼儿分类统计、整理家中图书,帮助家人进行图书分类,知道图书有不同的种类,书是每个人的好朋友。如:我们学期初会进行班级家庭图书大调查的活动,了解幼儿的家庭阅读氛围,为接下来的图书漂流活动做准备(详见表 2-12)。

表 2-12 大班家庭图书大调查

类型	书　　名
生活习惯	《我绝对绝对不吃番茄》《皮肤国的大麻烦》 《牙齿大街的新鲜事》《肚子里有个火车站》 《胖国王瘦皇后》《大脑里的快递站》 《我会照顾我的牙》《如果你坐得歪歪扭扭》 《写完作业再去玩》
情绪管理	《失败了也没关系》《勇敢的本》 《大象汤》《小幽灵》 《我变成一只喷火龙了!》《不乱发脾气》 《啊——我生气了!》 《我的爸爸叫焦尼》《我不会害怕》 《我的情绪小怪兽》《胆小鬼威利》
科普类	《动物宝宝成长记》《十万个为什么》 《身边有科学》《太空》 《淘气的星星》《打怪兽的 10 个方法》 《胡椒生长在哪里?》《声音怎么来的》 《变幻的四季》《不可缺的重力》 《出生的秘密》 《是谁嗯嗯在我头上》《世界博物馆奇妙之旅》

类型	书　　名
	《和爸爸一起找海怪》《爱唱歌的青蛙》 《它们从哪里来?》
亲情类	《袋鼠宝宝小羊羔》《别生气了,妈妈》 《妈妈发火了》《逃家小兔》 《和爸爸一起真好》《我爸爸》 《妈妈,买绿豆!》 《秋秋找妈妈》《你看起来好像很好吃》 《我永远爱你》 《幸福的大桌子》《幸福树》
性教育绘本	《小威向前冲》《不可以随便摸我》 《我宝贵的身体》《你从哪里来》 《再见,妈妈的奶》《呀! 屁股》 《小鸡鸡的故事》《我是从哪里来的》 《男生女生不一样》《我们的身体》

图 2-9　"家庭图书大调查"材料展示

建立阅读分享平台: 为更好地促进幼儿及家长之间的阅读分享交流,家长在班级群打卡幼儿阅读情况、幼儿好书推荐、诗歌朗诵及故事讲述,同时分享自己的阅读感受。

21 天亲子阅读挑战赛: 为培养幼儿良好的阅读兴趣,养成阅读习惯,请家长每天抽出 20 分钟,陪伴孩子开展"21 天亲子阅读"活动,分享亲子阅读的快乐。

图 2-10 阅读分享平台展示

图 2-11 "21天亲子阅读挑战赛"材料展示

故事爸妈做主播：诚邀家长来园为幼儿讲故事，让幼儿体会阅读带来的乐趣，从而更好地促进幼儿积极主动的分享行为。

图 2-12 "故事爸妈做主播"活动展示

好书推荐：为形成幼儿乐于交流、分享的良好品质，在阅读节期间，中、大班幼儿为同伴进行好书推荐，大胆分享自己喜欢的图书，共享阅读的快乐。

图 2-13　"好书推荐"活动展示

小小故事大王：小班幼儿学习朗诵古诗或儿歌，中班幼儿学习讲述自己喜欢的故事，大班幼儿学习讲述红色小故事等。

图 2-14　"小小故事大王"活动展示

在活动开展的进程中，我们还会组织家园协同的大型活动，升华课程价值。全园的大型活动是特色主题课程进行的重要内容，有着凝练和升华教育价值、强化文化培育持续性的作用，全园师幼和家长共同参与。

（二）"绘声阅读节"的评价要求

对于"绘声阅读节"采用综合评价法，从幼儿、家长、教师三个维度，综合活动方案设计、活动过程的实施、活动后的效果等情况进行评价。

"书香儿童"评选要求：有良好的阅读习惯和较深厚的阅读兴趣，能在班级阅读活动中起模范带头作用；每天坚持在班级群里进行亲子阅读打卡活动，上传亲子阅读照片；积极参与好书推荐活动。

"书香家庭"评选要求:协助幼儿制定并执行阅读计划,有固定时间与幼儿一起亲子阅读;协助幼儿整理并保持小书架的卫生整洁;家庭成员都有所获,能在班级群里发表有关分享阅读的文章;家庭有"阅读角",有良好的家庭阅读环境。

"书香班级"评选要求:利用每天午睡前的十分钟给幼儿讲一个温馨的小故事;重视图书角的建设与管理,定期更换图书,为幼儿创设一个良好的阅读环境;积极开展"读书节"等各项活动,活动开展质量高。

基于此,我们开展发展性评价,制定了"书香阅读评价表"以提升课程质量(详见表2-13)。

表2-13 书香阅读评价表范例

主题名称:书香阅读 班级名称:中班 开展时间:2021年4月				
目标	实现程度			情况描述
	达到	基本达到	未达到	
1. 养成每天阅读的好习惯。				大部分家长每天都能坚持亲子阅读,孩子渐渐养成了阅读的好习惯;对没有坚持亲子阅读的,需要进一步和家长沟通,提出要求,鼓励坚持。
2. 喜欢与同伴分享阅读内容。				中班孩子喜欢与人交流,语言也开始丰富了,他们迫不及待地想把自己看到的、想到的说出来,和同伴、教师、家长一起分享。
3. 在集体面前讲述故事。				大部分幼儿能大胆地在集体面前讲述故事,有的还有适宜的动作和表情;部分幼儿有点胆小,讲述的声音较小,有时讲述得也不完整。
实施情况及问题	1. 我班按照制定的计划有条不紊地实施,较好地完成了各种活动,并达成了一定的教育目的。 2. 在活动中也存在一些问题,例如:发现个别孩子的问题,我们没有及时跟进引导。			

活动调整情况	根据实施情况对活动进行适当的调整。我们发现一次性的亲子阅读并不足以引起家长的重视,所以我们的亲子阅读室贯穿整个活动的始终,时刻提醒家长,激励家长。
改进建议	1. 开展阅读讲座活动,让家长树立正确的亲子阅读观念。良好阅读习惯的培养,必须从家长做起,所以引导家长尤为重要。 2. 评选班级书香儿童,每月评选一名坚持每天看书的幼儿,以激励幼儿坚持阅读。
反思	1. 通过此次活动让幼儿走进阅读、爱上阅读,最终养成阅读的好习惯。 2. 阅读习惯的培养阵地主要是在家里,所以我们特别重视与家长的沟通,特别重视亲子阅读。 3. 活动过程中,有时跟家长沟通不及时,有时对孩子的评价不全面,这些都需要在以后的活动中做得更好。
记录人:	

总之,"绘声语言"课程旨在为幼儿创设想说、敢说、愿意说的轻松环境,根据幼儿语言发展规律,创设良好的语言教育环境,有效促进幼儿语言的发展。具体来说,我们的"绘声语言"课程建设成效如下:

第一,幼儿能够更加专注倾听对方讲话。我们注重对倾听习惯的培养,坚持晨暮读,通过"小小传声筒""火车开了""小小邮递员"等听说游戏,提高幼儿倾听与表达的能力。在一日生活中抓住碎片时间,开展"我喜爱的小动物""我家有几口人""我的好朋友"等日常主题的谈话活动,吸引幼儿兴趣,支持幼儿的表达与交流。在这个过程中幼儿更加乐意倾听别人的讲述,养成了良好的倾听习惯。

第二,幼儿更加乐意表达自己的感受、见解、愿望,倾诉自己内心的情感。在春暖花开的时候开展晨谈活动"我眼里的春天";在绘本故事《獾的礼物》中勇敢面对生与死的话题;会讨论"要不要有个弟弟或妹妹",分享有兄弟姐妹的乐趣或幸福。结合一日生活开展多种主题的谈话活动,给孩子创造舞台勇敢表达自我,提升自信,在话题中感受礼貌、友谊、合作等正能量。幼儿开始乐意围绕一定的话题展开交谈,表达自己的感受。比如一次参观环创主题墙,幼儿对纸产生了兴趣,于是开展了围绕"纸从哪里来的"问题讨论。有的孩子说:"我觉得纸是竹子砍下来做的。"有的孩子说:"我觉得我们生活中的纸是用草或者别的植物做出来的,有时会在纸里看到植物的渣。"还有的小朋友说:"都是用废纸做的。"随后孩子们开始寻找纸的制作方法,两天后我们再次对这个问题进行了讨论。捕捉孩子们的兴趣点,并深入挖掘生成相应课程,随后组织大家一起进行分享交流,在这一过程,中、大班孩子的初步探究能力得到了发展。

第三,幼儿能够理解他人语言,并从他人的语言中获取自己需要的信息。在这个过程中幼儿提高了社会交往能力。通过用语言讲出自己的感受和需要,幼儿能够让成人或同伴及时了解自己,或引起他人注意。能用语言清楚表达自己情感需要的幼儿通常最受他人欢迎,这让幼儿的情感需求获得极大满足,从而实现与他人交流的目的。另外,幼儿还能使用语言调节自己的行为,掌握自我评价的标准。如在与他人交往中,幼儿逐渐学会用语言去表达,而不是采取身体动作侵犯的方式;学会通过语言协商,而不是发脾气,以此解决与他人之间的争端或冲突。

第四,幼儿能够创造性地运用语言。幼儿经常会根据学到的句子、故事、诗歌的结构,结合自己的生活、游戏或者想象经验,自发地或在教师指导下进行造句、诗歌和故事仿编或表演等。这样的仿编既是幼儿创造性思维的表现,也是幼儿创造性运用诗歌语言表达个人经验的表现。作为幼儿园语言领域教育的重要内容,文学作品通常是充满情感色彩的。在学习文学作品的过程中,幼儿可以通过移情、表演等方式,获得关爱、快乐、悲伤等多种情感体验。利用绘本剧表演的形式,在锻炼幼儿生动形象的语言能力的同时,还伴随情绪情感的表达。

相信在我们全体教师的不断努力和坚持下,一定会让每一位孩子都绽放出无限的精彩。

撰稿者:常璐

(本章中照片由幼儿园提供)

第三章
和润社会：让儿童在潜移默化中获得发展

　　如何与别人交往是一门艺术，是件美好的事，与别人交往不在于风景多美多壮观，而是在于遇见了谁，被温暖了一下。希望有一天，儿童也成为一个小太阳，去温暖别人。儿童在生活中面对着复杂的人际关系和多变的社会情境，一方面需要接纳他人的角色，一方面又要决定自己合适的行为。所以，促进儿童社会能力发展的关键在于尽可能为他们提供人际交往和共同活动的机会与条件，并加以适时的指导。幼儿期是社会性和情感能力发展的关键时期，以培养良好社会品质为中心，重视幼儿自主、平等、关爱、诚信、友善、合作的素养培养。在这里，幼儿体验着真实社会生活，在合作与交往中促进幼儿社会性品质发展，提升幼儿的幸福感和成就动机。

郑州市管城回族区回族幼儿园坚持以幼儿为本的理念创设社会领域特色课程，经过多年的不断探究，以教研组为单位进行社会领域课程的整合与生成。社会领域教研组共有教师20名，其中，中小学一级教师1人、中小学二级教师16人，郑州市骨干教师5人，管城区骨干教师1人。教研组平均年龄27岁，师德品行优良，业务能力扎实，多人曾获得市、区优质课比赛一等奖。在小组成员的努力下，逐步形成了具有回族幼儿园特色的园本课程。因此，我们结合幼儿园的实际情况，依据《3—6岁儿童学习与发展指南》研制社会领域课程群建设方案。

第一节　让儿童在人际交往中涵养品格

一、领域课程性质

《3—6岁儿童学习与发展指南》中指出："幼儿社会领域的学习与发展过程是其社会性不断完善并奠定健全人格基础的过程。人际交往和社会适应是幼儿社会学习的主要内容，也是其社会性发展的基本途径。幼儿在与成人和同伴交往的过程中，不仅是学习如何与人友好相处，也在学习如何看待自己、对待他人，不断培养适应社会生活的能力。良好的社会性发展对幼儿身心健康和其他各方面的发展都具有重要影响。"

我们认为，社会领域是幼儿与成人和同伴交往相处中，不断学习发展并适应社会生活的能力。社会领域的核心价值是规则意识与社会适应能力的培养。成人要为幼儿创设适宜幼儿发展的环境，同时还要注重为幼儿树立榜样，避免简单生硬的说教。

总之，社会领域课程主要是渗透于一日活动之中的，幼儿在与同伴、教师、家长的交往中，通过观察和模仿发展其社会性。

二、领域课程理念

基于上述认识，我园将社会领域课程的理念定位为"和润社会"，其核心理念是"让儿童在潜移默化中获得社会性发展"。我们努力为幼儿创设情境，让幼儿在情境中去体验，让幼儿学习如何正确看待自己，如何与人友好相处，不断学习与周围的事物交往，培养幼儿适应社会生活的能力，从而获得良好社会性的发展。

"和润社会"是观察中模仿的社会。儿童是在观察和模仿中获得社会性发展的，观察和模仿是幼儿进行社会领域学习的重要方式。儿童通过观察模仿家长、教师、同伴的行为，模仿他们喜欢的对象，获得社会性发展。

"和润社会"是生活中学习的社会。"和润社会"内容来源于幼儿生活，通过生活中的情境再现,让幼儿发现问题,并在生活场景中解决问题。以生活中的问题为线索,通过教师的引导,发展幼儿解决实际问题的能力,从而获得良好的生活能力。

"和润社会"是交往中发展的社会。幼儿社会性发展需要大量的练习,比如:怎样和别人打招呼;别人跟我说话怎么回答;排队要怎么做。这些都是儿童在和周围的环境进行交往交流,并进一步完善自己的行为的过程。重视幼儿的主体作用,让幼儿在交往中获得社会性的发展。

总之,"和润社会"课程是让幼儿在实际生活的真实情境中观察和模仿,尊重幼儿的年龄特点和主体性,让幼儿在与成人和同伴的交往中获得社会性发展。

第二节　满足儿童交往和发展的需要

《3—6岁儿童学习与发展指南》指出："人际交往和社会适应是幼儿社会学习的主要内容,也是其社会性发展的基本途径。"基于这些,我们制定了幼儿园社会领域课程目标。

一、领域课程总体目标

为了能更好地促进幼儿社会性的发展,幼儿园根据幼儿身心发展的特点,设计了"和润社会"。目的在于选取适合幼儿真实生活的情境,让幼儿在情境中去观察、去交流、去学习,感受与同伴、教师、家长交往的过程。根据幼儿园社会领域的育人目标,幼儿园设计了"和润社会"的总体目标:能主动地参与各项活动,有自信心;乐意与人交往,学习互助、合作和分享,有同情心;理解并遵守日常生活中基本的社会行为规则;能努力做好力所能及的事,不怕困难,有初步的责任感;爱父母长辈、教师和同伴,爱集体、爱家乡、爱祖国。

二、领域课程年段目标

《3—6岁儿童学习与发展指南》中指出:"幼儿的发展是一个持续、渐进的过程,同时,也表现出一定的阶段性特征。"根据幼儿不同年龄段发展的需求,幼儿园设置了"和润社会"的各年龄段目标(详见表3-1)。

表3-1　"和润社会"领域课程群年龄段目标

年龄段	目　　标
小班	共同目标: 1. 愿意在熟悉的人面前说话,能大方地与人打招呼。 2. 愿意和同伴一起游戏。与同伴发生冲突时,能听从成人的劝解。 3. 在提醒下,能遵守游戏和公共场所的规则。

年龄段	目　　标
	园本目标： 1. 初步熟悉幼儿园的环境,愿意参加班级的各项活动。 2. 与同伴友好相处,遵守幼儿园的活动规则。 3. 能够使用常用的文明用语与他人交往。 4. 能够自己的事情自己做,有困难大胆寻求他人帮助。 5. 能够主动关心他人,有同情心。
中班	共同目标： 1. 喜欢和小朋友一起游戏,与同伴发生冲突时,能在他人的帮助下和平解决。 2. 会用礼貌的方式向长辈表达自己的要求和想法。 3. 喜欢自己所在的幼儿园和班级,积极参加班级的各种集体活动。 园本目标： 1. 能够主动参与幼儿园的各项活动,并且可以勇敢地展示自己。 2. 在一日生活中保持愉快的情绪,愿意与他人交往。 3. 将规则教育贯穿于一日生活之中,能够遵守游戏规则和学习常规。 4. 愿意帮助有困难的小朋友,并能用语言表达对他人的关心。 5. 知道幼儿园名字和喜欢幼儿园的原因;知道居住的地址,初步具有爱集体、爱家乡的情感。
大班	共同目标： 1. 能结合情境理解一些表示因果、假设等相对复杂的句子。愿意与他人讨论问题,敢在众人面前说话。 2. 有自己的好朋友,也喜欢结交新朋友,与同伴发生冲突时能自己协商解决,能有礼貌地与人交往。 3. 愿意为集体做事,为集体的成绩感到高兴。 园本目标： 1. 积极主动参加幼儿园的各项活动,相信自己可以完成。 2. 在活动中乐意与他人交往,能够与别人合作与分享。 3. 了解并遵守生活中基本的社会行为规则。 4. 可以努力做好力所能及的事情,不怕困难,能自己尝试解决困难。 5. 知道中国是一个多民族的大家庭,了解一些少数民族的风俗习惯,爱自己的国家。

第三节　为儿童提供充足的交往机会

　　幼儿园社会领域内容旨在促进幼儿社会化,并使幼儿在社会化的过程中逐渐形成良好的社会性和个性。幼儿阶段是人社会性发展的重要时期,在这个时期,幼儿学习怎样与人相处,怎样看待自己,怎样对待别人;逐步认识周围的社会环境,内化社会行为规范;逐渐形成对所在群体及其文化的认同感,发展适应社会生活的能力。基于"童味园"课程的理念,我们从多个角度出发,构建出"和润社会"课程框架。

一、领域课程结构

　　《3—6岁儿童学习与发展指南》社会领域的目标和教育建议指出:"具有自尊、自信、自主的表现。""结合具体情境,指导幼儿学习交往的基本规则和技能;结合具体情境,引导幼儿换位思考,学习理解别人。""结合社会生活实际,帮助幼儿了解基本行为规则或其他游戏规则,体会规则的重要性,学习自觉遵守规则。""运用幼儿喜闻乐见和能够理解的方式激发幼儿爱家乡、爱祖国的情感。"基于此,幼儿园将"和润社会"内容整合分为"最棒的我""甜蜜时光""追梦小达人""我是中国人"四个主题课程(如图3-1所示)。

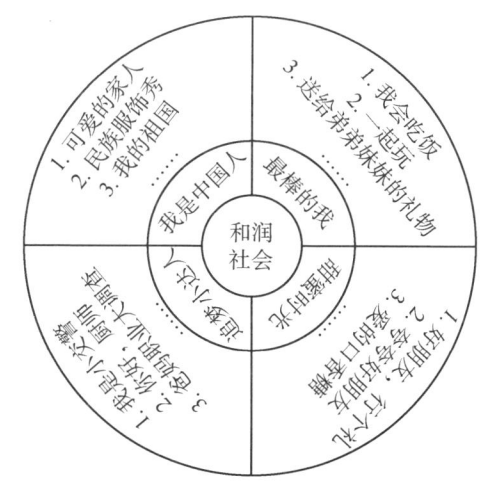

图3-1　"和润社会"领域课程结构图

　　下图中,各板块课程内容如下:

　　最棒的我:每一个"我",不仅是一个独特的"我",而且是一个不断成长发展的"我",通过各种游戏和活动,让幼儿从"我"出发,学习建立与他人的友谊,享受表达"我最棒"时的那份喜悦。

甜蜜时光：引导幼儿感知美好友谊的开始，发现同伴的特长，愿意夸赞别人，让幼儿懂得什么是尊重，促进幼儿与同伴的交往。

追梦小达人：引导幼儿了解、认识各种职业，对幼儿进行初步的梦想教育，引导幼儿从家人开始探索不同的职业，让幼儿在活动中探索各种职业的秘密。

图3-2 "最棒的我"课程展示

图3-3 "甜蜜时光"课程展示

我是中国人：引导幼儿了解自己的家庭、家乡、祖国，通过图片、视频、实地参观等形式，让幼儿在观看和欣赏中激发自己的民族自豪感和爱国之情。

图3-4 "追梦小达人"课程展示

图3-5 "我是中国人"课程展示

二、领域课程设置

  幼儿园社会领域按照幼儿年龄阶段,有计划、有层次、有梯度地设置了各年龄段的课程。该课程以多种途径发展幼儿的社会性,使幼儿可以通过多种方式进行社会学习。将"和润社会"课程内容设置如下(详见表3-2)。

表3-2 "和润社会"特色课程设置表

年龄班		最棒的我	甜蜜时光	追梦小达人	我是中国人
小班	上学期	共同课程: 1. 我会吃饭 2. 我会喝水 …… 园本课程: 1. 我的新家 2. 笑娃娃 3. 跟着老师走 ……	共同课程: 1. 好朋友真棒 2. 好朋友,行个礼 3. 你我手拉手 …… 园本课程: 1. 拉拉手 2. 大家一起玩 3. 小鸡小鸭 ……	共同课程: 1. 我喜欢的职业 2. 花儿和园丁 3. 工具职业大配对 …… 园本课程: 1. 我是小交警 2. 接电话 3. 送玩具回家 ……	共同课程: 1. 可爱的家人 2. 小鸟和妈妈 3. 我爸爸 园本课程: 1. 我家有几口 2. 温暖的家 3. 我和爸爸的游戏 ……
小班	下学期	共同课程: 1. 快快长大 2. 笑脸娃娃 3. 小兔和爸爸妈妈 …… 园本课程: 1. 我会自己玩 2. 我不发脾气 3. 我会自己做 ……	共同课程: 1. 鸭鸭的大锤子 2. 合作力量大 3. 爱的口香糖 …… 园本课程: 1. 夸夸好朋友 2. 两个人玩真好 3. 帮助小动物 ……	共同课程: 1. 你好,厨师 2. 小木匠与油漆工 3. 小马变发型 …… 园本课程: 1. 给大家带来快乐的人 2. 做客 3. 积木宝宝要回家 ……	共同课程: 1. 我为家人做一件事 2. 回家 3. 我的家在哪里 …… 园本课程: 1. 妈妈生病了 2. 小黄莺唱歌 ……
中班	上学期	共同课程: 1. 我长大了 2. 送给弟弟妹妹的礼物	共同课程: 1. 新同伴 2. 谁和谁好 3. 好朋友列车	共同课程: 1. 爸妈职业大调查 2. 市场里的老	共同课程: 1. 我的家人 2. 祖国妈妈的生日

年龄班		最棒的我	甜蜜时光	追梦小达人	我是中国人
		3. 我会叠衣服 …… 园本课程： 1. 轮流玩 2. 甜甜的话 3. 应该怎样玩 ……	…… 园本课程： 1. 尊重你我他 2. 比本领 3. 小熊让路 ……	板们 3. 小小发型师 …… 园本课程： 1. 小导游 2. 小值日生 3. 不受欢迎的小狗 ……	3. 月儿圆，人团圆 …… 园本课程： 1. 会飞的汗珠 2. 我的家乡 3. 热闹的人民公园 ……
中班	下学期	共同课程： 1. 今天我是值日生 2. 小帮手就是我 3. 小手画家 …… 园本课程： 1. 小主人 2. 小熊懂事了 3. 节水小能手 ……	共同课程： 1. 小青蛙和小乌龟 2. 生气会怎样 3. 柳树和枣树 …… 园本课程： 1. 说声对不起 2. 楼上楼下 3. 有你真好 ……	共同课程： 1. 动物村的消防队 2. 我是消防员 3. 消防人员救火 …… 园本课程： 1. 超市购物 2. 寄信 3. 小小升旗手 ……	共同课程： 1. 爸爸真棒 2. 中国的钱币 3. 民族运动会 …… 园本课程： 1. 去公园 2. 郑州的美食 3. 找海 ……
大班	上学期	共同课程： 1. 我爱清洁 2. 身体密码 3. 特别的我 …… 园本课程： 1. 我当哥哥姐姐了 2. 我也行 3. 小猪学跳绳 ……	共同课程： 1. 一群好朋友 2. 1、2、3，用力拉 3. 太阳公公的忠告 …… 园本课程： 1. 甜甜的糖果 2. 怎么办 3. 我的朋友画像 ……	共同课程： 1. 小小建筑师 2. 警车和消防车 3. 热闹的街道 …… 园本课程： 1. 我当爸爸妈妈 2. 快快乐乐的一天 3. 好玩的点点梦想城 ……	共同课程： 1. 我是中国人 2. 我爱五星红旗 3. 河南在哪里 …… 园本课程： 1. 我知道的地方 2. 祖国大家庭 3. 中秋节 ……

年龄班		最棒的我	甜蜜时光	追梦小达人	我是中国人
大班	下学期	共同课程： 1. 我是小超人 2. 谁的本领大 3. 我要上小学 …… 园本课程： 1. 我会整理书包 2. 下课了 3. 课间十分钟 ……	共同课程： 1. 大家都喜欢的好朋友 2. 大家一起来 3. 分享甜蜜时光 …… 园本课程： 1. 春游计划 2. 小小蓝手帕 3. 爱睡觉的噜噜 ……	共同课程： 1. 我演你猜 2. 我长大想当…… 3. 各行各业博览会 …… 园本课程： 1. 图书馆 2. 新闻发布会 3. 最可爱的人 ……	共同课程： 1. 我们的节日 2. 美食品尝会 3. 人民币的旅行 …… 园本课程： 1. 我们的旗帜 2. 中国世界之最 3. 我知道的国家 ……

基于上述共同课程和园本课程，我园在《3—6岁儿童学习与发展指南》的指导下开展了一系列的班本课程。

案例 3-1   班本课程：值日生那些事

一、课程缘起

进入中班以后，为了培养幼儿的服务意识、责任感和担当意识，锻炼幼儿在生活自理、社会交往等方面的能力，我们设立了"小值日生"。关于值日生，孩子们有着各种各样的想法和意见，于是"值日生那些事"的故事开始发生……

理论支持：《3—6岁儿童学习与发展指南》健康领域中指出：鼓励幼儿做力所能及的事情，指导幼儿学习和掌握生活自理的基本方法，提供有利于幼儿生活自理的条件。

二、课程框架

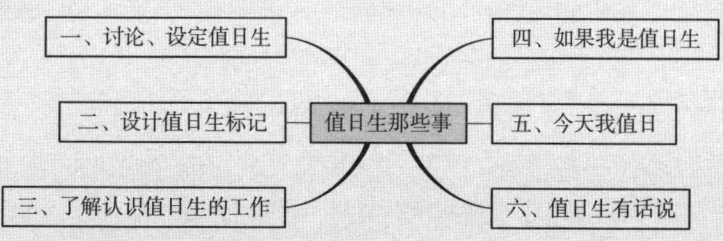

三、课程实施

（一）我们的讨论——设立值日生

陈鹤琴先生说："凡是孩子自己能做的事，让他自己去做。"对于我们班的孩子来说，全新的值日生活动是神秘未知又令人好奇兴奋的。饭后谈话活动的时间，老师和小朋友们一起讨论了设立值日生的问题：

1. 老师在进行餐前准备、集体活动、收发玩具等很多活动的时候会邀请小朋友帮忙，但是每个小朋友都想参加。

2. 总是会有小朋友忘记餐前要上厕所，户外活动之后要打肥皂洗手等一些常规的活动。

3. 每次吃饭的时候陈老师会给小朋友们报食谱，我也想尝试一下做个食谱讲解员。

（二）我们的设计——值日生标记

根据小朋友们的讨论，我们确定值日生采取轮流制度。班级刚好分为五个小组，周一到周五，按照小组序号的一组成员进行一天的值日活动，小组成员做一天的值日生。

怎么样才能知道一个小朋友今天是不是值日生呢？

朵朵：可以给小朋友准备一个漂亮的头饰，戴着头饰的就是值日生。

轩轩：可是我们小男生不喜欢戴发卡！

若溪：可以给值日生穿上执勤的马甲。

子宸:我哥哥值日的时候会戴一个胸牌,同学们也可以一下子看出来,他还能在胸牌上贴上自己的标记。

最终,所有小朋友一致通过子宸的建议,设计一个属于自己的值日生胸牌。

(三)了解认识值日生的工作

对于值日生工作,我们做好了充分的准备,对于即将开始的值日生工作,孩子们非常期待,不断地在班里发现值日生可以进行的值日工作。通过一个星期的观察和总结,我们制定了值日生工作公约。

值日生工作内容:

一日三餐活动,值日组分为三个小队进行餐前准备、餐后整理、擦桌子,午休前摆放桌子;

监督小朋友排队盥洗、足量喝水;

协助监督小朋友整理摆放小椅子;

进行集体活动中物品的收发、归纳、整理;

整理图书、组织排队。

(四)如果我是值日生

对于做一名值日生,小朋友们有了初步的认识与了解,为了帮助孩子们建立信心和意志力,面对在真正进行值日生工作中出现的困难,我们组织小朋友进行了一个亲子小调查,请家长和孩子讨论话题"我要做一个什么样的值日生"。

值日生大调查		
调查内容＼调查人	＿＿＿＿小朋友的爸爸妈妈	＿＿＿＿小朋友
值日生的职责是什么？		
怎么做一名合格的值日生？		

（五）今天我值日

作为一名值日生，每一个小朋友都可以尽职尽责地完成自己的任务，工作的积极性和主动性十分高涨，每个人都想多做一些工作，小组成员之间慢慢地学着进行协商。同时，在进行值日活动的过程中也出现了一些问题：

1. 监督别人排队上厕所、洗手的时候，自己不能排队进行活动。

2. 有的值日生小朋友吃饭速度比较慢，所有值日工作都进行完了自己还没有吃完饭。

3. 在值日过程中，不能将桌面清理干净，玩具没有规范归位，需要老师和同伴再次进行工作。

（六）值日生有话说

对于做值日生，小朋友们不怕困难，也能够坚持。对于作为一名值日生以及在值日过程中出现的问题，小值日生们有话想说：

嘉铠：我特别喜欢当小值日生，帮助别人、督促别人做事情的时候很开心。

乐乐:我督促小朋友洗手、擦嘴巴、漱口的时候都非常认真规范,老师经常表扬我!

对于出现的问题,大家商量出共同的办法:

1. 值日生先进行所有需要排队的活动,如:上厕所、洗手、喝水等。

2. 值日生要做好准备工作,如:预习第二天的食谱,早上早点到幼儿园,吃饭的时候需要加快速度。

3. 如果值日工作进行的效果不好,需要跟随别的值日生学习,在家多做家务进行练习。

四、收获与反思

《幼儿园教育指导纲要》中指出:"教师应让幼儿主动参与活动,在活动中体验、积累经验,得到发展。"通过我们班的值日生班本课程,幼儿都能够清晰、认真地进行值日活动。在整个过程中,幼儿自主协商了有关值日生活动制度、管理、公约等方面的内容,进行了问题的解决。劳动能力的增强也给幼儿带来了极大的自信和主动性,很多家长也反映孩子在家会主动要求参加劳动,生活自理与服务的能力、意识都有了明显的增强。

生活即教育,教师在课程实施的过程中更具象地看到了幼儿的潜能,也发现了一些有待于改进的问题,如:值日生评价方式的缺乏。教师对幼儿值日生的表现反馈只有口头的评价和鼓励,没有形成可视的成果材料,不便于家长进行相关的家园共育活动。教师更深入地推进课程与幼儿的能力发展,需要我们进一步进行课程的调整与改进,我们的课程故事,未完待续……

第四节　引导儿童在真实情境中获得发展

社会领域课程的实施,教师要充分把握幼儿社会性发展的关键经验,为幼儿提供适宜的发展环境,选取适合幼儿的方法和内容,让幼儿在多种活动中有足够的交往和学习机会,满足幼儿不同的发展需要,真正促进幼儿的社会性发展。

为了保证课程的有效实施和持续生成,幼儿园依据幼儿的年龄特点和学习方式,通过教师研讨教研,让课程更加科学、有效。同时用发展性评价保证课程的顺利实施。根据幼儿的年龄发展特点和认知水平,遵循幼儿的学习是以游戏为主的原则,幼儿园通过构建"和润课堂"、开展"和润家园"、制定"和润约定"、欢度"和润时光"、搭建"和润社团"、举行"和润节日"等六种实施途径,开展"和润社会"课程。引导幼儿在真实生活情境中,多感官参与,在观察和模仿中获得社会性发展。

一、构建"和润课堂",在情境中体验学习

"和润课堂"是依据幼儿真实生活中的问题,依托课程资源库,选取适合幼儿的主题和内容,设置多种情境,依托情境引导幼儿发现问题,通过交流、合作去解决问题,并主动学习,从而发展幼儿的社会性。

（一）"和润课堂"的内容与组织形式

"和润课堂"是结合生活实际展现情境的课堂。生活是问题的来源,而一切的问题又将在生活中获得解决,所谓生活实际展现情境,就是把生活中幼儿常见的问题,通过创设情境沟通起来,迁移幼儿的生活经验并强化幼儿的体验,从而促进幼儿的社会学习。

"和润课堂"是利用多媒体再现情境的课堂。借助多媒体再现生活情境,在图画或者视频中,幼儿可以看得更清楚,感受得更亲切,更有利于幼儿接受和理解情境。

"和润课堂"是扮演角色体验情境的课堂。为了使教学情境真切地再现在幼儿面前,教师可以戴上头饰,穿上服装扮演角色,帮助幼儿将问题具体化,更好地

理解问题,从而获得社会化的体验。

(二)"和润课堂"的评价要求

根据"和润课堂"的实施内容和幼儿特点,我们制定了"和润课堂"的评价表(详见表3-3)。

表3-3 "和润课堂"评价表

评价要素	评价要求	权重分	评分
课程目标	1. 目标明确、具体、适宜,适合幼儿的身心发展特点。	5	
	2. 体现三维目标的整合性,具体明确,具有可操作性。	5	
环境创设	1. 情境创设符合活动的要求。	10	
	2. 情境创设遵循幼儿的年龄特点。	10	
	3. 情境创设可以有效促进教育活动目标的完成。	10	
幼儿参与	1. 活动兴趣浓厚,积极参与,主动操作、感知。	5	
	2. 能积极参与活动,大胆回答问题。	5	
	3. 有自主学习、小组交流、合作学习的意识。	5	
教师课堂表现	1. 教态亲切自然、情绪饱满、富有感染力。	10	
	2. 能够创设宽松民主的教学氛围,师幼关系融洽。	10	
	3. 注重幼儿学习习惯和良好行为习惯的培养。	10	
教师评价	1. 及时发现幼儿需求,面向全体的同时关注个体差异,体现因人施教。	10	
	2. 鼓励引导幼儿积极探索,运用过程性评价。	5	
总评			

案例 3-2 **大班社会活动《我会自觉遵守规则》**

一、设计意图

在日常生活和区角活动中,我发现班级幼儿还是会经常性地出现插队、拥挤、无规则的行为。为了改善这种现象,给幼儿树立规则意识,我们结合幼儿的兴趣点和发展需求,设计了本节教学活动《我会自觉遵守规则》。新《纲要》中提出,幼儿要理解并遵守日常生活中的基本社会行为规则,并要求教师在共同的生活中以多种方式引导幼儿认识、体验并理解基本的社会行为规则,引导幼儿学习自律和尊重他人。可见,规则是保证幼儿愉快生活、交往、学习的前提,对大班幼儿进行执行规则能力的培养,具有非常重要的意义。我将通过"无人售货"的情境游戏,让幼儿在游戏中体会何为"规则"。

二、活动目标

1. 利用情境游戏,知道许多规则需要大家一起来遵守。

2. 观看视频,结合生活经验集体讨论自觉遵守规则的重要性,并学习自律。

3. 通过参与活动,激发幼儿争做遵守规则的人。

三、活动准备

1. 物质准备:视频、情境游戏材料等。

2. 经验准备:开展区角规则大讨论。

四、活动重难点

1. 活动重点:知道规则需要大家一起来遵守。

2. 活动难点:结合生活经验开展讨论,体验自觉遵守规则的重要性。

五、活动过程

(一)观看视频,情境导入

1. 师:孩子们,你们听说过无人售货吗?

师:老师给你们带来了一段视频,我们一起来看看。

师:你觉得什么是无人售货?

教师小结:是的,无人售货,就是没人卖东西,需要我们自己按需购买。

师:今天咱们也来玩个游戏,但是老师有一个新的要求,就是无人售货,明白吗?

师:谁来分享一下,在刚才的游戏中,你发现了什么问题?

教师小结:你们都说得很好,那么我们该如何去解决这些问题呢?下面请小朋友分组讨论。

(1)拥挤

(2)没有按照价格给钱

（3）使用过的物品乱放

教师小结：你们说的这些都是规则，那么在游戏中，我们要制定规则、了解规则，并且遵守规则，这样才能让我们的游戏玩起来更有趣。

（二）观看视频，结合生活经验集体讨论自觉遵守规则的重要性，并学习自律。

师：视频中的他们是怎么做的？他们为什么要这样做？

师：牌子上的字，我来读一读。

教师小结：这就是规则，告诉我们，哪些人可以免费取用这些爱心冰箱的物品。

师：现在你们知道为什么这样做了吗？

教师小结：虽然这些东西都是免费的，但在看到规则的时候，大家又将东西放了回去，这是像小朋友刚才说的因为别人的监督吗？嗯，不是的，是因为他们有自觉性，能够自觉遵守规则。

（三）结合生活，梳理经验

师：除了在游戏中，在生活中我们还需要自觉遵守哪些规则？

教师小结：任何时候，我们都要遵守不同的规则，这不仅仅是需要别人监督我们，更需要我们自觉地去遵守，你们都说得很好，等会儿我们把规则画下来，分享给更多的人。

二、开展"和润家园"，在家园共育中发展

幼儿的生活环境由家庭环境、幼儿园环境和社会环境组成，每个环境对幼儿的社会性发展都产生了重要影响。所以幼儿园应和家庭合作，架起家园共育的桥梁。

（一）"和润家园"的内容与组织形式

"和润家园"的重点在于家园教育要取得一致：一致性的教育思想、观念，教育措施的一致性配合，实现共同的育人目标。因此，应让家长参与课程管理，建立家长学校，让家长更了解幼儿园的教育目标，定期举行家长进课堂（警察、医生、教师等）、家长委员会、家长会、家长开放日、家长志愿者等活动，让家庭参与到幼儿的

教育之中,从而达到家园共育的目的。

表3-4 家委会活动每月安排计划

时　间	活　动　内　容
九月份	新学期家长会活动
	布置家园联系栏
	成立家长委员会
十月份	家长学校第一课——专家讲座
	家长进课堂活动
	五老进校园活动
	学习《中华人民共和国教育法》
十一月份	建设清廉学校宣传月活动
十二月份	召开伙委会
	健康知识宣传讲座
	家长代表参与庆元旦活动
一月份	学习《中华人民共和国家庭教育促进法》
	期末家长问卷调查
	家长学校工作总结
	家长学校档案收集整理

案例 3-3　**家长进课堂活动方案**

一、活动目标

1. 开放教育模式,更新教育理念,通过家长进课堂活动,丰富幼儿园教育内容,为孩子提供更为广阔的学习环境和学习视野。

2. 增进家园间的联系,增强家长对幼儿园工作的参与性。更好地建立家长与老师、幼儿园之间的沟通互动。

3. 更有效地利用家长资源,弥补教师在专业领域中的不足,使家长成为幼儿园的协作者、支持者。

二、 活动时间

2019 年 11 月 27 日

三、 参与形式

家长自主报名,在教师的指导下自主选择适合孩子年龄的游戏内容和游戏道具。

四、 活动流程

（一）活动准备

1. 本次活动班里安排一名家长参加。

2. 在活动前要提前安排好活动相关事宜和家长分工。

3. 教师给予家长活动上的支持,如活动课件、游戏道具、绘本故事等。

（二）活动流程

1. 教师介绍家长:今天给大家带来了一次有意义的活动。请××家长带大家开展有趣的活动。

2. 本班家长与本班幼儿进行集体活动:家长组织幼儿进行闯关游戏活动。

3. 为了能让家长更进一步地了解幼儿园的教育理念,提高家长对幼教工作的认识,理解与孩子游戏互动的快乐,本次家长进课堂的游戏活动内容由家长自主选择。

五、 活动安排及要求

1. 提前和家长沟通联系,并且环节安排分工明确。

2. 热情迎接家长,真诚交流,努力让每一位家长走进课堂都有所收获。

3. 在活动中保存好相关材料(图片、讲稿、家长的反馈等等)。

4. 及时在幼儿园班级微信群等做好宣传工作。

（二）"和润家园"的评价要求

根据"和润家园"的内容与组织形式，我们制定了"和润家园"的课程评价表（详见表3-5）。

表3-5 "和润家园"评价表

评价内容	评价要求	权重分	评分
活动过程	1. 幼儿兴趣浓厚，态度积极认真。	5	
	2. 幼儿主动操作感知，不断尝试。	5	
	3. 幼儿没有无效等待。	5	
	4. 幼儿有与人交流的愿望。	5	
幼儿体验	1. 获得愉悦自己的情感体验。	5	
	2. 形成健康向上的生活方式、生活态度。	5	
	3. 感受到友好、互相尊重。	5	
	4. 学习良好的生活习惯，发展生活自理能力、交往能力。	5	
	5. 在自然交往状态中发展合作精神。	5	
组织过程	1. 根据幼儿身心发展特点科学组织。	6	
	2. 利用偶发事件进行随机教育。	6	
	3. 开展形式多样的活动，通过渗透让幼儿养成好习惯。	6	
	4. 做中培养，注重真实和润中练习。	6	
	5. 尊重幼儿的主体性，让幼儿成为生活的主人。	6	
	6. 考虑个体差异，提出不同的要求。	5	
资源利用与开发	1. 学习吸收家庭教育经验，多种形式加强家园沟通。	5	
	2. 充分利用园内设施为幼儿创造自己动手、自我服务的机会。	5	
	3. 重视同伴之间的相互影响，及保教人员的言传身教。	5	
	4. 充分利用自然环境和社区教育资源。	5	
总评			

三、制定"和润约定"，在规则教育中学习

"和润约定"是班级幼儿自我管理、自我服务的活动。每个班级自主进行。

（一）"和润约定"的内容与组织形式

"和润约定"主要分为班级公约和值日生。《幼儿园教育指导纲要》指出："教师应让幼儿主动参与活动,在活动中体验、积累经验、得到发展。"

班级公约:幼儿在教师的引导下以小组讨论的方式,制定出一日生活中应当遵守的规则。幼儿用自己喜欢的方式表征规则的内容,之后教师和幼儿将这些规则整理总结,并体现在环境创设中。

图 3-6 "班级公约"内容展示

值日生:教师根据一日生活内容,针对本班幼儿的经验水平,制定值日生工作的任务。引导幼儿如何分工,明确值日生的任务及要求,合理安排值日生的值日时间和值日内容。有效地帮助孩子树立自信,培养良好劳动习惯,增强集体意识,培养

图 3-7 "值日生"内容展示

社会交往能力、社会责任感、动手实践能力,让孩子在生活中得到学习与发展。

（二）"和润约定"课程评价要求

班级公约是教师和孩子们共同制定出来的,评价采取教师评价和幼儿评价,教师根据幼儿对"班级公约"的遵守情况,在每周五离园前进行谈话活动,和幼儿一起讨论本周哪些公约遵守得好,哪些公约遵守得不好,哪些公约需要改进,让班级公约真正促进幼儿规则能力的发展。

值日生的评价方式采取教师评价、幼儿评价、小组评价三种形式。每周五离园前,教师针对本周值日生的工作效果进行简单评价,之后小组成员结合值日生的工作内容根据情况进行评价(优点为主),最后值日生对自己本周的值日生工作进行总结(不足之处)。

四、欢度"和润时光",在宽松愉悦中交往

"和润时光"是每周一下午的下午茶活动。优美的环境,铺上漂亮的桌布,放上花瓶,摆上美食,在一首美妙的背景音乐中学习使用水果叉,同伴之间互相聊一聊周末的见闻和感想,感受同伴带来的快乐!

（一）"和润时光"的内容与组织形式

"和润时光"根据各年龄段幼儿的年龄特点,结合季节和节日的变化进行设置,引导幼儿在活动前有意识自主摆放盘子、水果叉;活动中正确使用水果叉,讲究礼仪,轻声交流;活动后有自我服务意识,自己整理桌面卫生。该课程不仅培养了幼儿的进餐礼仪,还促进了幼儿之间的交流与沟通。

图 3-8 "和润时光"活动展示

（二）"和润时光"的评价要求

根据"和润时光"的内容与组织形式，我们设计了"和润时光"课程评价表（详见表3-6）。

表3-6　"和润时光"评价表

对象	评价要求	权重分	评分
食材	1. 食材的选择遵循幼儿的年龄特点。	10	
	2. 食材根据天气、季节适时调整。	10	
幼儿	1. 幼儿喜欢参与活动。	10	
	2. 幼儿在活动中举止得体。	10	
	3. 活动中幼儿可以自由交流、分享。	10	
	4. 活动中可以自我服务、为他人服务。	10	
教师	1. 为幼儿创设温馨、舒适的环境。	8	
	2. 活动中提出正确的建议。	8	
	3. 关心、支持幼儿的活动和发展。	8	
	4. 善于观察和倾听。	8	
	5. 对幼儿行为和习惯等的养成。	8	
改进策略			

五、搭建"和润社团"，在交往中充实成长

"和润社团"利用每周的固定时间，不同年龄段的班级分段展开有主题的社团活动，在活动中，教师更多的是关注幼儿的体验和幼儿的发展，引导幼儿在社团游戏中获得良好的社会性发展。

（一）"和润社团"的内容与组织形式

"和润社团"根据活动形式分为"童星社团"和"追梦社团"。

童星社团：依托戏剧表演室开展活动，教师通过使用一定的戏剧技巧与策略，引导幼儿对故事的角色关系、情节发展、场景等进行想象和即兴创作，并在协商讨论中共同解决戏剧冲突，不断丰富与发展预设主题的活动。让幼儿在戏剧表演中去体验、感受人物的内心和动作，通过不同的主题获得社会性的发展。

大班创意戏剧活动《公交车里的故事》

一、设计意图

　　乘坐公交车对于孩子们来说是生活中最普通不过的事情。他们熟悉如何乘坐公交车,知道一些乘车规则,体验过乘车的各种感觉,在公交车上看到过各种各样的人,这为用戏剧表达与戏剧创作做好了经验铺垫。在这一工作坊中,以律动"开汽车"为导入,调动幼儿的乘车经验,并在角色塑造中用肢体表现公交车的造型,模仿并表现不同身份的乘客。该工作坊的难点则是通过在公交车上可能发生的事件来激发幼儿热心助人的心理,同时让幼儿获得戏剧表演的经验,并不断提升自己舞台表演的经验。

二、活动目标

　　1. 在游戏中感受音乐和游戏的流程。

　　2. 可以自己进行台词创编及动作的表演。

　　3. 乐意与同伴尽享对手戏表演,喜欢每个角色并愿意尝试。

三、活动准备

　　1. 经验准备:有在公交车上站着和坐着的体验。

　　2. 物质准备:椅子,"公交提示音""特别的一天"音效。

四、活动重难点

　　1. 活动重点:乐意与同伴尽享对手戏表演,喜欢每个角色并愿意尝试。

　　2. 活动难点:可以自己进行台词创编及动作的表演。

五、活动过程

　　(一)动作解放,调动积极性游戏"最慢的运动会"

　　1. 请幼儿来参加最慢的运动会。

　　2. 师:我们来参加最慢的运动会,第一个运动就是"闪电赛跑"。但是这个赛跑和别的赛跑不一样,它比的是谁最慢。

　　(二)公交车的印象

　　师:你们坐公交车的时候都遇见过哪些有趣的事情?

　　师:在公交车上有这么多故事呀,今天我们也去坐坐公交车,去表演一下你们说的故事。

公交车行驶。

音乐播放时调动情绪,动作夸张,讲清楚加速和刹车的时候身体不要向后躺下也不要向前趴下。

3. 创设情境

师:在一条行驶汽车的马路上,一辆公交车停在了车站,会发生一个什么故事呢? 在公交车里有两个人,一个司机在前面开着车,一个小朋友坐在车厢后面,可能是要去幼儿园吧。这个时候,有两个人你碰到我、我挤着你地要上车,就这样一个人踩到了另一个人的脚。一个人说:"哎哟哎哟,我的脚疼死了,你怎么踩我的脚呢?"另一个人说:"走开走开,我着急上班呢。"一看两个人要吵起来,司机赶快劝导他们:"别吵了,别吵了,要出发了。"于是两个人一起"哼——"了一声,一个坐在车厢的最前面,一个坐在车厢的最后面。"尊敬的乘客,您好,紫金山站到了……"一声公交提示音响起,公交车停在了车站,这个时候上来了一个吃东西的人,吃完之后他随手把垃圾扔在了车上。这个时候之前吵架的那两个人一起说道:"不能乱丢垃圾。""好的,好的。"丢垃圾的人把垃圾捡起来,并找到个空位置坐下了。"尊敬的乘客,商城路到了,请……"公交提示音又响起来了。一个老人颤颤巍巍地走进来了,他走过吵架的两人身边,他们没有站起来,走过丢垃圾的人身边,他也没有站起来,当老人准备站着的时候,坐在后面的小朋友站了起来:"老人家您坐这里吧。"有了小朋友鼓起勇气的一句话,于是大家都站起来给老人让座。"尊敬的乘客,回族幼儿园站到了……"大家排队下车,丢垃圾的人扶着老人,吵架的人也相互搀扶着,而那个小朋友早就不见了。你们觉得他去了哪里?

师:你听到故事里都有什么人?

4. 感受音乐

(1) 教师引领

(2) 音乐熟悉

师:一辆公交车行驶过来了,公交车起步,加速,刹车,等红绿灯,到车站。

5. 角色尝试

(1) 老人上车走路的样子

（2）两个人相互拥挤踩脚

（3）丢垃圾三人互动

（4）让位子

6. 分角色

邀请一组小朋友,老师先带着边演边走场,然后跟音乐来一遍,给小朋友们足够的信任让他们自由发挥台词。

六、活动延伸

活动结束后自己进行表演。

戏剧表演能够培养幼儿的表现力、想象力,激发幼儿的探索欲望。教师作为引导者,是活动顺利开展的重要一环。基于活动内容,教师进行了认真细致的观察与指导,随时调整活动的内容。

案例 3-5

幼儿行为观察记录表

观察对象	瞳瞳	性别	男	年龄	5岁9个月
观察时间	2021.11.30		观察地点		儿童戏剧室
班级	大班		记录教师		马倍佳

观察目的	1. 了解表演过程中幼儿对音乐和故事流程的掌握情况。 2. 台词及动作创编的能力。 3. 乐意与同伴尽享对手戏表演，喜欢每个角色并愿意尝试。
幼儿行为描述 （注意）	在戏剧表演过程中，瞳瞳是大一班里表现较好的小朋友，每次来戏剧室参加尽享活动积极性也很高。今天在《公交车里的故事》这次活动中，瞳瞳能根据故事情节与其他小演员一起布置道具。表演刚开始他扮演的是司机这个角色。在预设的剧情里司机是没有台词的，但是在表演过程中有个扮演劝架乘客的小演员没有反应过来说台词，就出现了各位表演者愣在原地的情况，这个时候想要让流程继续，于是"司机"转过头对着吵架的乘客说了一句："别吵了，快点找位子坐吧。"就这样吵架的乘客找到座位坐下，劝架的乘客也反应过来说了两句："就是，就是，别吵了。"看到这样的场景，我决定让故事继续自由发展，整个戏剧之后都进行得很顺利。
幼儿行为分析评价 （识别）	从题材上来看，儿童剧表现通常是以儿童当下的现实生活为题材，表演源于生活又高于生活，把表演与幼儿的实际生活联系起来，通过对已有经验的回忆，幼儿更能接受故事、理解故事。这一次突然的即兴表演，体现了解决问题是孩子积累经验最好的途径，表演过后我询问了瞳瞳当时是怎么想的。瞳瞳说："妈妈说不能和别人吵架、打架，有人吵架要让他们别吵了。"在表演过程中扮演的角色是假的，所用的道具是假的，但是在表演过程中他们当真了。瞳瞳是一个愿意表现自己的孩子，在平时活动时他作为观众就会给其他小演员提示台词。而这次结合了日常表演中对话、动作、情节等的增减和词语的替换，让幼儿代入自己的想象，就出现了这样接台词的情况。
支持策略 （回应）	经过这次临时表演的经历，我先是肯定和表扬了瞳瞳的反应和他们小演员之间的配合，在之后每次活动之前都会给幼儿自由创作台词的机会，先给孩子们讲一下表演的大致流程，或者是故事背景。然后请幼儿带入角色的情感跟随音乐表演，熟悉肢体动作。之后尝试进行台词的创编，例如：今天要扮演狡猾的红狐狸，我会请幼儿先来扮演这只狡猾的红狐狸，等到肢体动作熟悉后，再询问幼儿，如果是你要拦着别人的路，你会说什么呢？有了答案后随机选择另一个孩子来回答红狐狸拦路的话。
效果反思	在刚开始进行台词创编的时候，孩子们还不能很流畅地说出台词，或者是不能清楚地表达自己的想法，甚至有些害羞的孩子连答案都无法回答。但是到了瞳瞳这里，他总是能很快地想到台词。到后来，经过瞳瞳的带动，以及老师的语言引导，开始有个别的幼儿也会在表演中尝试说不一样的台词。就这样，不需要老师主动去提醒接下来故事的流程，他们就可以自由地根据自己创编的台词和动作，并结合音乐气氛，和自己的对手进行表演。

追梦社团：针对幼儿的年龄特点，有主题地开展角色扮演游戏，丰富孩子们的知识经验和生活经验，提高孩子们对"社会角色"的简单认识和社会交往能力。幼儿通过扮演角色，创造性地模仿现实中的活动，这为孩子提供了模仿、再现人与人关系的机会，为他们形成良好的社会交往能力打下基础。角色扮演游戏能让孩子学习"换位思考"，这对孩子的想象力、观察力、思维能力和解决问题能力都有很大帮助。

图 3-9 "追梦社团"活动展示

案例 3-6

幼儿行为观察记录表

观察对象	李芊雨	性别	女	年龄	5岁
观察时间	2021 年 11 月 12 日		观察地点		追梦社团
班级	中四班		记录教师		朱凡钰
观察目的	1. 观察幼儿在区域游戏时，是否敢于尝试，并能在集体面前有自信地表演。 2. 观察幼儿在游戏时的行为是否恰当合理。				
幼儿行为描述（注意）	区域游戏时，表演区是很多小朋友热衷选择的区域，今天下午就来了芊雨、安琪和政轩等六位擅长于表达表现的孩子们。精彩的表演，时不时地会吸引到一些小观众，但在表演过程中，却发生了这样一些事情：小演员们出现了争抢表演节目的现象，有的幼儿想上台表演唱歌，有的幼儿想上台讲故事，				

	导致演出经常出现中断。而小观众们则表现出了不礼貌的一面,在演员演出过程中,有的在大声说话,有的在哈哈大笑,还有小朋友一会儿看一会儿离开,跑进跑出,场面很混乱。另外,在小演员表演结束后,小观众们也没有热烈地鼓掌,表示祝贺和鼓励。
幼儿行为分析评价（识别）	幼儿在游戏时没有建立起舞台游戏的规则,从而导致在表演和欣赏的过程中盲从和混乱,使得节目在演出过程中,时而中断,时而又继续。演出的节目不定,让小观众观看的兴趣不是很浓,所以会出现进进出出、说说笑笑的局面。
支持策略（回应）	首先要建立孩子们的合作意识。中班的幼儿已经有了初步的合作意识,因此,可以加入主持人这一角色,来负责合理地分配节目或者请演员来认领节目,再将节目单公布给小观众,这样带有一定目的性的演出便会更有秩序,同时也锻炼了幼儿之间相互合作的能力。此外,可以制定游戏公约,和幼儿共同商量制定一份观众公约,要求观众们也要遵守秩序,如:不大声喧哗,中途离开时不能影响其他观众等。
效果反思	通过合理调整表演角色和制订公约,孩子们在表演区的区域游戏更有趣了,小演员们可以合作有序地出演自己想要表现的节目,小观众们也很兴致勃勃地观看小演员们的节目,不再随意走动和大声说笑了。可见,培养幼儿在表演游戏中进行合作游戏,并养成遵守游戏规则的良好习惯是很重要的。

（二）"和润社团"的评价要求

根据"和润社团"的课程意含,综合幼儿年龄特点、社会领域的总目标,教师会根据每个年龄段、每个班级在学期初、期末对幼儿进行过程性评价(详见表3-7)。

表3-7 "和润社团"评价表

评价内容	评价标准	评价等级		
		优	良	一般
活动主题	1. 活动主题生动有趣,幼儿乐于参与。			
	2. 活动主题有实际的教育意义。			
	3. 活动主题有审美性,能够陶冶幼儿情操,促进幼儿社会性的发展。			

评价内容	评价标准	评价等级		
		优	良	一般
活动内容	1. 活动内容来源于生活，丰富有趣。			
	2. 选择的内容具有可操作性。			
	3. 内容具有一定的创新性。			
活动组织	1. 组织计划具有周密性。			
	2. 组织形式多样。			
	3. 有责任分工，安全措施到位。			
活动效果	1. 幼儿参与的积极性高。			
	2. 能够达到一定的学习效果。			
	3. 幼儿在过程中快乐参与。			
总评				
建议				

六、创设"和润节日"，在节日中陶冶情操

节日活动是一种特殊的文化资源，既是幼儿喜闻乐见的活动，又是重要的社会生活，有效利用节日资源是进行文化传承的重要教育途径。我园以传统节日和社会节日为纽带，丰富园所文化，让幼儿感受不同节日氛围，熏陶高雅情趣，以节日文化滋润童心，促进幼儿健康发展。"和润节日"课程包括传统节日课程、社会节日课程和享回味节日课程。

（一）"和润节日"的内容与组织形式

传统节日是在我国悠久的历史中延续和继承下来的民族文化，已经融入了幼儿的生活，是生活中不可或缺的一部分，把它作为教育资源，融入幼儿教育活动当中。为让幼儿接受传统节日文化的启蒙教育，继承和发扬传统文化，我们开设传统节日课程，其中传统节日包括：春节、元宵节、清明节等。

社会节日内容丰富多彩，寄托了人们对美好生活的希冀。我园依托利用社会资源和家长资源，开展实践类的社会节日课程，其中社会节日包括：元旦、劳动节、母亲节等。

享回味节日是根据幼儿年龄特点、发展需要以及各年龄段幼儿的兴趣,生成的具有园所特色的节日活动。其中包括回味美食节、童味绘本节、童味科技节、童味艺术节等园所特色节日。下面以童味节日为例。

案例 3−7　　　**"童心追梦,快乐飞扬"六一儿童节活动**

温暖的阳光,诱人的花香,在孩子们迫切的期盼中,我们迎来第 71 个"六一"国际儿童节! 为了让孩子们在自己的盛大节日里留下一个愉快、难忘的回忆,我们举行了"童心追梦,快乐飞扬"为主题的六一系列活动。

一、国旗下的节日

围绕中国共产党建党一百周年,小一班的小朋友们参与了"小小少年,童心向党"爱国主题展示。在《祖国祖国多美丽》的歌曲表演中,幼儿参与活动的兴趣得以激发,爱国情怀得以增强。

二、家长代表送祝福

六一是孩子们的专场。园所邀请了每个年龄段的家长代表,他们分别走进每个班级,给孩子们送上节日的惊喜,送上温馨的祝福。同时,家长还为孩子们带来了魔术、手势舞、葫芦丝、情景剧等形式多样、精彩纷呈的节目,孩子们惊喜又惊叹,不由自主地给家长们送上阵阵掌声。

小班:家长表演绘本剧《彩虹色的花》。

中班:家长表演歌曲《彩虹的约定》。

大班：家长表演魔术、葫芦丝、手势舞等精彩节目。

三、自主游戏

　　自主游戏分为室内和室外。在户外关卡大闯关中，小班组教师根据幼儿年龄特点、知识经验和认知水平，从幼儿的兴趣、需要出发，最大限度地利用了现有的户外空间，就地取材，废物利用，一物多用地进行游戏情境的创设，让幼儿在游戏中自主选择进行闯关游戏。在游戏中，通过创设小红军运粮、勇敢的小战士、超级关卡等六个闯关区，引导每个小朋友顺利闯关，在游戏卡中集齐6枚小奖章。在室内游戏中，各班教师根据教育目标和幼儿的发展水平，有目的地创设环境，投放适宜的活动材料。中大班的幼儿分年龄段进行了混合班级区域游戏，幼儿根据自己的意愿和能力，自行选择班级、区域进行个性化的自主游戏活动。

四、快乐自助餐

1. 快乐自助，礼仪先行

在活动开始前，各班教师们通过演示文稿、示范等形式，总结自助餐的用餐规则和进餐礼仪。为了使活动更有仪式感，老师们制作了精美的自助餐海报，孩子们和老师一起铺上桌布，摆上小花等装饰物，布置温馨的自助餐厅。

2. 丰富美味食物

卤面、翡翠白玉包、菠萝包、白灼大虾、香煎鸡柳、鱼香肉丝、松仁玉米、红枣银耳南瓜羹、羊角蜜、西瓜等，从主食类到水果点心一应俱全，这些都是孩子们喜欢的美味。

3. 倾听音乐，愉快进餐

在舒缓优美的轻音乐中，自助餐活动开始啦！活动室变成了一个温馨的自助餐厅。小班的小朋友们第一次在幼儿园吃自助餐，在老师的帮助下，选取自己喜欢的食物，真的太开心啦！中大班的小朋友们，在老师的提醒下，按自己的需求适量取餐，体验自我服务带来的快乐！家长代表也参与到了我们的活动中，与孩子们亲切交谈，共同欢度"六一儿童节"活动，孩子们感受到了浓浓的暖意与快乐！

（二）"和润节日"的评价要求

根据"和润节日"的课程意含，我们综合课程活动方案设计、活动时的课程实施、活动后的效果等情况进行评价（详见表3-8）。

表 3-8 "和润节日"评价表

对象	评价内容	评价要求	权重分	评分
幼儿	活动过程	1. 兴趣浓厚,积极参与,主动操作、感知。 2. 能积极表现,动手、动脑。 3. 大胆回答问题,有探索精神。	25	
幼儿	幼儿参与	1. 认真听取同伴意见,发表不同见解。 2. 善于质疑问难,体验学习成功的乐趣。 3. 能在活动中有不同程度的收获,多数幼儿能够完成活动目标要求。	20	
教师	主题方案	1. 活动设计思路、脉络、主线清晰,紧密地围绕节日活动目标进行。 2. 节日活动结构安排合理,主次分明,重难点突出,时间安排合理,环节紧凑流畅。	15	
教师	活动实施	1. 节日教育方法、手段灵活多样,勇于改革和创新。 2. 在节日活动实施中及时发现幼儿需求,面向全体的同时关注个体差异,体现因人施教。	20	
教师	活动效果	1. 节日活动关注生成,能灵活处置计划。 2. 节日活动体现幼儿的主体地位和教师的主导地位。 3. 在节日教育过程中注重幼儿学习习惯和良好行为习惯的培养。	20	
合计得分			100	

七、举行"和润仪式",在国旗下培养爱国情感

爱国主义教育是每一个中国人必须接受的教育,在爱国教育中体会老一辈革命人的光荣传统,感悟当今美好生活的来之不易,从而让学生珍惜当下,努力奋进,不忘初心,牢记使命,践行中国特色社会主义核心价值观。爱国主义教育的开展形式众多,学生能在活动中切实感受到国家的伟大,萌发爱国主义情怀。"和润仪式"是结合每周一的升旗仪式开展的国旗下的课程。

（一）"和润仪式"的内容与组织形式

课程中的升旗活动从"爱国主义教育"和"规范升旗仪式"的礼仪入手进行升

旗礼仪养成教育。课程中确定了升旗仪式安排表,制定月主题、周内容、国旗下讲话内容等,每周都有具体负责的班级和部门开展课程中的升旗活动。中大班每周轮流一次,有月主题、周主题,在教师的引导下有组织、有计划开展的爱国主题教育。以十月份爱国主题《爱国教育　浸润童心》为例:

案例 3-8

爱国主题教育活动
"爱国教育　浸润童心"

一、活动背景

每周一的升旗仪式活动是对幼儿进行爱国主义教育的良好教育契机。每周一早晨全体幼儿聚集在操场上进行升旗仪式,从出旗、奏国歌、升国旗、国旗下讲话、国旗下表演、互动等活动,萌发幼儿从小爱护国旗、尊敬国旗的情感,激发幼儿对祖国的热爱和敬仰。

二、活动案例

小班爱国教育活动　五星红旗飘扬

活动目标

1. 初步了解我国国旗的特征。

2. 通过视频初步理解国旗的现实意义。

3. 知道尊敬国旗、爱护国旗,萌发爱国情感。

活动准备

1. 经验准备:见过国旗,已经有参加升旗仪式的经验。

2. 物质准备:《义勇军进行曲》歌曲音频,各国国旗图片,国旗飘扬图片。

活动过程

(一)播放歌曲音频及图片,引出活动主题

1. 师:刚刚听到的是什么歌?(国歌)为什么幼儿园每周一都会放国歌?(要举行升旗仪式)

出示组图各国国旗,在比较中,引导幼儿初步了解中国国旗的特征。

2. 出示组图,鼓励幼儿找出中国国旗。

师:这里有好多国家的国旗,你能找到藏在其中的,我们国家的国旗吗?

3. 出示图片"中国国旗",引导幼儿观察中国国旗的形状、颜色、图案。

师:国旗是什么颜色?国旗是什么形状?国旗上有什么图案?有几颗五角星?五角星是什么颜色?

小结:我们中国的国旗形状是长方形,颜色是红色。国旗上有一颗大五角星和四颗小五角星,五角星的颜色是黄色。

(二)出示组图"国旗飘扬",引导幼儿理解国旗的含义并知道尊敬国旗,爱护国旗

1. 出示图片,幼儿讨论在哪见过国旗。

师:你们在哪些地方见过我们的国旗?你们知道国旗代表着什么吗?

小结:幼儿园、学校、广场的旗杆上飘着我们的国旗,国旗是祖国的象征。

2. 师幼交流如何尊敬国旗,爱护国旗。

师:国旗是我们祖国的象征,那我们应该如何尊重国旗、爱护国旗呢?

小结:不在国旗上乱涂乱画,不乱扔国旗;升国旗时,身体站直,保持安静,双眼注视国旗。

活动延伸

家长和幼儿一起观看天安门升旗仪式的视频,感受升旗仪式的隆重与庄严,萌发爱国情感。

中班爱国教育活动 国旗、国旗真美丽

活动目标

1. 知道我国的国旗是五星红旗,并了解我国国旗旗面各部分含义。

2. 奏国歌、升国旗时能够自动站好行注目礼。

3. 萌发热爱祖国的情感。

活动准备

1. 经验准备:幼儿对国旗有初步的认识,观看过奥运会的跳水视频。

2. 物质准备:各国国旗图片,奥运会跳水场的场地图片,升国旗视频,五星红旗例图,小红旗,跳水比赛的视频,红色爱心贴纸。

活动过程

（一）导入部分

1. 情景导入，出示奥运会跳水场的场地图片。

师：老师带你们来到一个很神秘的地方，谁能看出这是哪里？

2. 出示各国国旗的图片，引导幼儿认识中国国旗。

师：我想请小朋友们看一看，这些国旗都一样吗？哪里不一样？

（二）基本部分

1. 出示五星红旗例图，介绍国旗旗面各部分的含义。

师：五星红旗是我们中华人民共和国的国旗，它是红色的：有五颗五角星，一颗大的、四颗小的。这颗大星像妈妈一样，这四颗小星像什么呀？像孩子一样紧紧地围绕着大五角星，所以我们的国旗就叫五星红旗：它就是中国的象征。

2. 通过提问环节让幼儿懂得五星红旗是中国的象征。播放跳水比赛的视频让幼儿为运动员加油助威。

师：场上坐着各个国家的人，他们都来给自己国家的运动员加油。我们怎样才能让别人知道我们是中国人？我们要给中国运动员加油。

3. 师：马上就要进行颁奖仪式了，颁奖仪式中升国旗的时候，我们小朋友要注意什么？

（三）结束部分

和幼儿一起讨论升国旗时的情绪情感，一起把红色爱心贴纸贴到旗杆上。

师：五星红旗升起时，你有什么感觉？

活动延伸

1. 结合艺术领域，用红色和黄色的卡纸制作一面五星红旗。

2. 回家和爸爸妈妈一起找一找生活中哪里还有五星红旗？

大班爱国教育活动　我骄傲，我是中国娃

活动目标

1. 了解祖国与家乡值得骄傲的事物，感受作为一名中国人的自豪感。

2. 能够在活动时安静倾听，并能大胆说出自己听到的诗句。

3. 学会有感情地朗诵诗歌。

活动准备

1. 经验准备:幼儿对中国知名事物初步的认识。

2. 物质准备:课件。

活动过程

(一) 利用情境创设"旅游"场景,导入活动

师:各位小游客,大家好! 我是本次旅行团的导游,今天我将带领大家去游览一下中国的大好河山,感受中国值得我们骄傲的事情! 马上要去旅游了,你现在的心情是什么样呢?(高兴、开心…)旅游的过程中,我们应该怎么样做才是一名文明小游客?

小结:在游览的过程中要保持安静,爱护我们的旅游景点。

(二) 利用创设的情境,分段学习诗歌,引导幼儿理解诗歌表达的内容与含义

1. 引导幼儿了解中国人的外貌特征:我们是哪国人? 中国人和外国人有什么不一样的地方呢? 小朋友,我们的头发是什么样子的啊? 教师引导幼儿分别从头发、眼睛、皮肤等地方观察中国娃和外国娃的不同。

小结:我有一双黑色的眼睛,我有乌黑浓密的头发,我生长在东方华夏。我骄傲我是中国娃。

2. 引导幼儿了解中国的名胜古迹。

师:小朋友,你们看,现在我们来到了什么地方? 你知道珠穆朗玛峰有多高吗?

小结:珠穆朗玛峰是世界海拔最高的山峰,高度约为8 848米,山顶上有终年不化的积雪。

师:你觉得珠穆朗玛峰像我们身体的哪个部位?

小结:因为山峰又高又直,珠穆朗玛像我挺直的脊梁。

师:现在我们来到了什么地方? 你知道关于泰山的哪些小知识呢? 你觉得它像什么?

小结:泰山位于山东省泰安市,被称为"五岳之尊",巍峨泰山像我们坚实的臂膀。

师:小朋友们,这是哪里? 万里长城有什么特点? 万里长城像什么?

小结:在古时候,为了抵御敌人的侵略,我们修筑了万里长城,它是世界上最长的城墙。万里长城像我们伸展的手臂,保护着中国。

师:你知道黄河的水是什么颜色的吗? 为什么?

小结:黄河在流经黄土高原的时候,挟带了很多泥沙,所以它的水是黄色的,长江的水要清澈一些!黄河和长江养育了一代又一代的中国人,它们被称为中国的母亲河,哺育我们茁壮成长。

3. 了解值得中国骄傲的时刻,激发幼儿做一个中国人的自豪感。

(1) 宇宙飞船发射,让幼儿直观感受我国航天事业的伟大。

师:小朋友们,这是什么?

小结:我国神舟七号宇宙飞船发射成功了,以后我们能够在太空生活了,我们的科学家和航天员们实在太伟大了!

(2) 升国旗,奏国歌,让幼儿感受嘹亮的国歌响彻四方的激情,体验作为中国娃的自豪感和骄傲感。

师:小朋友们,我们的国歌叫什么?你知道我们在什么时候才会升国旗、奏国歌吗?

小结:国歌经常会在重要的庆典或者正式的外交场合播放,让我们一起来感受一下吧!

播放国歌,师幼一起体验升国旗、奏国歌。

(三) 学习有感情地朗诵诗歌

师:小游客们,游览了这么多地方,你心里有什么样的感觉?我把我们今天游览中发现的事物编成了一首好听的诗歌,请小游客们欣赏一下。我给大家提一个小小的要求:在欣赏诗歌的时候要做到安安静静,认真听。

1. 完整欣赏,加深对诗歌的理解。

师:诗歌的名字是什么?诗歌里提到了哪些值得我们骄傲的地方?

2. 利用图谱,在理解诗歌的基础上引导幼儿尝试朗诵诗歌。

师:让我们一起试着朗诵诗歌《我骄傲,我是中国娃》!

小结:我真为你们骄傲。大家的声音真好听,那我们中国有这么多值得骄傲的地方,你觉得我们应该用什么样的语气来读诗歌?让我们配上优美的音乐,加上骄傲自豪的语气,再来朗诵一遍吧!

3. 讨论中国梦。

师:作为中国人,我们心中都有一个中国梦,你的中国梦是什么呢?

小结:只要你们从小立志,好好读书,我相信你们一定能够实现自己的中国梦。小游客们,我们一起把自己的中国梦分享给更多的人吧!

活动延伸

在美工区画出自己的中国梦。

三、主题活动环境创设

年龄段	班级主题	班级环境	爱国主题墙
小班	活动一: 红色放映室 活动二: 我们名字叫中国 活动三: 多彩的民族	1. 通过"红色放映室"引导幼儿学习红色文化。 2. 通过有趣的民族游戏让幼儿了解我们中华民族有着丰富多样的民族文化。 3. 利用不同的少数民族服装、头饰,以找不同的形式充分调动幼儿好奇心,让幼儿对民族大家庭有更深层次的了解。	
中班	活动一: 党史故事,我知道 活动二: 少数民族我知道 活动三: 民族大团结	1. 发扬红色传统,让孩子们聆听红色声音,了解红色故事,了解英雄故事。 2. 为增进幼儿对民族团结的认识,展示少数民族图片,帮助幼儿了解不同民族的乐器和服饰特色。	

（续表）

年龄段	班级主题	班级环境	爱国主题墙
		3. 能够说出各民族具有代表性的节日,还能够通过服饰、头饰认识民族。	
大班	活动一:庆祝建党100周年 活动二:民族团结一家亲 活动三:党史故事我来讲——我喜欢的英雄	1. 通过开展一系列庆祝建党100周年的活动,使孩子们懂得没有共产党就没有新中国。 2. 为增进各民族之间的团结与友谊,加强幼儿对中华民族大家庭的了解,从小树立维护民族团结的意识,开展"民族团结一家亲"的活动。 3. 进一步加强幼儿铭记红色历史,传承红色基因,弘扬革命精	

年龄段	班级主题	班级环境	爱国主题墙
		神,培养幼儿爱党爱国的情怀。	

依托每周一的升旗仪式活动,对幼儿进行爱国主义教育,并形成良好的爱国主义教育氛围。以下为开展的班本课程《童心向党》。

案例 3-9　　**班本课程　童心向党**

一、课程缘起

峥嵘岁月一百年,风华正茂谱新篇,朵朵花儿向太阳,颗颗童心永爱党。为回顾党的光辉历程,讴歌党的丰功伟绩,引领幼儿传承红色基因,营造积极向上、和谐文明的校园文化氛围,秉承爱国主义教育从娃娃抓起,将爱国主义情怀代代相传,也为了迎接建党100周年,我班结合幼儿实际开展了"童心向党"主题的班本课程。

二、思维导图

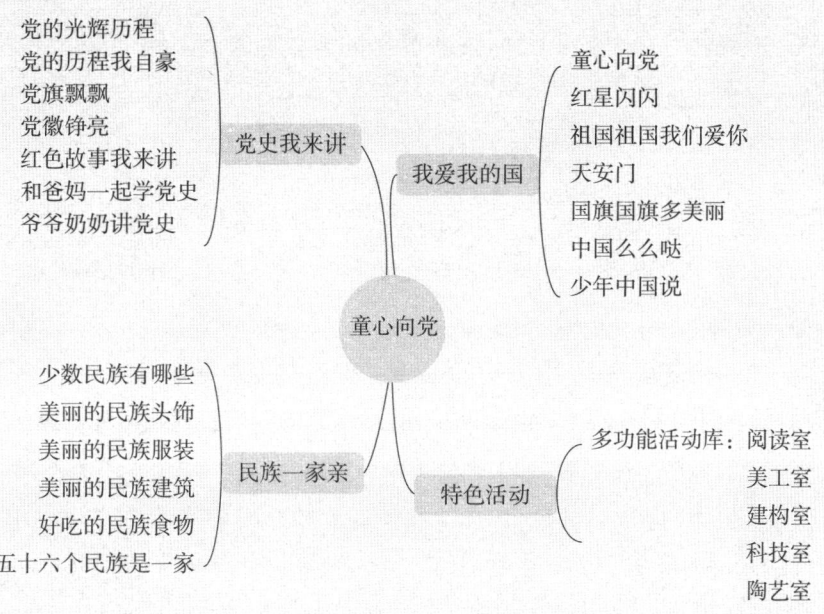

党史我来讲
- 党的光辉历程
- 党的历程我自豪
- 党旗飘飘
- 党徽铮亮
- 红色故事我来讲
- 和爸妈一起学党史
- 爷爷奶奶讲党史

我爱我的国
- 童心向党
- 红星闪闪
- 祖国祖国我们爱你
- 天安门
- 国旗国旗多美丽
- 中国么么哒
- 少年中国说

童心向党

民族一家亲
- 少数民族有哪些
- 美丽的民族头饰
- 美丽的民族服装
- 美丽的民族建筑
- 好吃的民族食物
- 五十六个民族是一家

特色活动
- 多功能活动库：阅读室
  - 美工室
  - 建构室
  - 科技室
  - 陶艺室

理论支持:《指南》中的社会领域内容指出:知道自己的民族,知道中国是一个团结统一的多民族大家庭,各民族之间要互相尊重,团结友爱。知道国家一些重大成就,爱祖国,为自己是中国人感到自豪。

三、课程实施

（一）党史我来讲(关键经验:社会情感)

为了让幼儿亲身体会党的光辉历程,首先我们带领孩子们观看中国共产党建党 100 周年纪录片。

师:"孩子们,在刚刚播放的纪录片里你们都看到了什么?"

幼:"我在纪录片中看到了好多次红色的旗。"

师:"孩子们,刚刚你们看到的红色的旗就是我们的党旗。接下来老师将带大家一起认识党旗。"

中国共产党的党徽党旗是中国共产党的象征和标志。党徽为镰刀和锤头组成的图案。党旗为旗面缀有金黄色党徽图案的红旗。党徽党旗表明中国共产党是中国工人阶级的先锋队,同时是中国人民和中华民族的先锋队。

在此节课之后，结合幼儿园实际，我们又带孩子去参观了"党的光辉历程长廊"。孩子们无一不感叹党的光辉历程，同时，也对这段长达百年的光辉历程充满好奇。而我们的主题墙板块以时间轴为线索，帮助幼儿宏观地了解党的百年征程。中间是中国共产党 1921—2021 年百年光辉历程及中国共产党党旗图示，周围以从 1921 年中共一大至 2021 年百年强国路上伟大成就的同心圆将其围绕，一个个有序的箭头寓意百年探索之路上的脚印，整个画面清晰直观，图片鲜明，利于幼儿直观系统了解中国共产党的探索与伟大成就。

幼儿经验与学习：大班的孩子们对祖国的喜爱溢于言表，但党的历史对于孩子们来讲还较难以理解。基于幼儿园现有的党史长廊，孩子可以更加直观地感受到党的光辉历程。

教师的思考与支持：大班的孩子们通过图片、视频可以自主地萌发对祖国、党的自豪感，教师需要综合资源，充分利用现有的资源帮助幼儿获得经验。

针对孩子们对党的光辉历程产生好奇，我们引导幼儿通过红色故事来深刻体会。

（二）红色故事我来讲（关键经验：社会情感、语言表达）

每周一的升旗仪式是孩子们最激动的时刻，五星红旗作为中华民族五千年历史上第一面代表全体人民意志的民族之旗、胜利之旗，孩子们说在国旗下说的话祖国妈妈都能听到。因此，和孩子们一起在迎风飘扬的五星红旗下，向大家讲述了狼牙山五壮士、夏明翰、刘胡兰、董存瑞等数位英雄的故事。孩子们在英雄故事中感悟先烈的使命担当，领会革命英雄的浩然精神。故事情节跌宕起伏，揪着孩子们的心，孩子们一个个神情严肃，在此刻仿佛都是故事中的革命先烈。除了升旗仪式，我们也通过家园共育来收集红色故事，营造出更加浓烈的革命氛围。

家长经常带着孩子一起学习历史上的英雄人物，了解英雄故事，共同合作录制孩子们讲述党史故事的音频，老师和家长可以利用手机等电子设备扫描，互相听一听小朋友讲的英雄故事，既锻炼了孩子的胆量，也加深了孩子对英雄人物的了解。

正值共产党的百年华诞，回族幼儿园也邀请了数位参加过战争的红军老人，爷爷奶奶依次讲述了他们经历的故事，告诉孩子们如今的生活来之不易。小朋友们忆苦思甜，向爷爷奶奶表达了感恩和钦佩之情，送上了自己亲手绘制的感恩贺卡。

幼儿的经验与学习：在这个活动中，幼儿可以提升倾听与表达能力。不仅仅绘本能让孩子们感兴趣，红色故事也可以。而最后，孩子们发现，原来在革命的长河中，正是由于无数仁人志士，我们的革命才取得成功，中国共产党才能在如今风华正茂。

教师的思考与支持：这个活动最终的目的不仅仅是让孩子的语言表达能力得

到提升,还让孩子们能感受党的百年历程,几经波折却依然风华正茂的原因。而那些仁人志士不是虚构的,是真实存在并记在人们的心中,将一辈子被歌颂的。

（三）我爱我的国（关键经验：社会适应、倾听与表达、艺术创造）

中华人民共和国是一个统一的多民族国家,各民族在历经数千年的迁徙、贸易、婚嫁、交融中,形成了你中有我、我中有你、交错杂居、共生互补的格局,孕育了团结友爱的宝贵传统。回族幼儿园里以汉族、回族的幼儿居多,孩子们对于少数民族本就有一定的认识,而且各民族文化丰富多彩,幼儿对此很感兴趣。据此,我们设置了"民族团结一家亲"墙面,让幼儿了解各民族的服饰、文化、地理位置等风俗民情,让幼儿在潜移默化中萌发爱祖国、爱家乡、爱和平的情感。

幼儿的思维主要还是直观形象思维,因此我们通过儿歌、故事、图片等帮助幼儿了解各少数民族相关习俗;学习音乐律动《丽江三部曲》,感受祖国的美丽风光;观看许多有民族特色的照片,了解少数民族的文化。

教师巧妙利用少数民族服装、头饰的不同,进行本班环境创设,以找不同的形式充分调动孩子们的好奇心,让孩子们对民族大家庭有更深层次的了解。

幼儿的经验与学习:《指南》中指出,运用幼儿喜闻乐见和能够理解的方式激发幼儿爱家乡、爱祖国的情感。如:

和幼儿说一说,或在地图上找一找自己家所在的省、市、县(区)名称。

和幼儿一起外出游玩,一起看有关的电视节目或画报等;和他们一起收集有关家乡、祖国各地的风景名胜,著名的建筑,独特物产的图片等,在观看和欣赏的过程中激发幼儿的自豪感和热爱之情。

通过以上活动,把民族一家亲教育融入幼儿一日生活,孩子们了解到我国是一个统一的多民族国家,更加能体会到党是为了每一个人的幸福在努力,体会到党的伟大与不易。

教师的思考与支持:爱国主义教育是幼儿园德育教育的重要一面,民族一家亲的理念恰恰可以很好地将中华民族伟大复兴的理念根植于幼儿心中。

四、后记

对幼儿进行爱国教育,从小培养他们的爱国情感,是幼儿在幼儿园活动的一项重要内容。《幼儿园教育指导纲要》提出,环境是重要的教育资源,通过环境的创设和利用,有效地促进幼儿的发展。在《童心向党》课程中,我们结合幼儿的年龄特点和生活经验,有计划地开展幼儿喜闻乐见的内容,并且结合家庭教育的力量,利用家园合作,让家长和孩子一起来完成爱国主题活动,巩固幼儿爱祖国的情感。总之,有效开展爱国教育必须渗透在各项活动中,渗透到环境中,让幼儿在潜移默化中形成爱国主义的情感,养成积极主动、认真专注、勇于探究、大胆尝试的良好学习品质。

(二)"和润仪式"的评价要求

根据"和润仪式"的课程意涵,我们综合活动方案设计、活动时的课程实施、活动后的效果等情况进行评价(详见表3-9)。

表3-9 "和润仪式"评价表

评价内容	评价标准	评价等级		
		优	良	一般
活动主题	1. 活动主题生动有趣。			
	2. 活动主题有实际的教育意义。			
	3. 活动主题结合时事开展。			
活动组织	1. 组织计划具有周密性。			
	2. 组织形式多样。			
活动效果	1. 幼儿参与活动的积极性高。			
	2. 能够达到一定的学习效果。			

总评	
建议	

　　总之，相信在我们不断的努力下，"和润社会"领域课程的内容会不断生成、积累、发展。我们将遵循幼儿的年龄特点，以"潜移默化"的方式发展幼儿的社会性，为幼儿未来踏入社会奠定坚实的基础。具体来说，我们的"和润社会"课程建设成效如下：

　　第一，幼儿的心理需要得到更大的满足。心理需要影响着儿童社会性的和谐发展。儿童在生活中会更加喜欢和别人游戏、喜欢帮助同伴、喜欢被表扬、愿意遵守规则……在"和润社会"课程建设中，我们注重给幼儿创设适宜的发展环境，比如"和润时光"中的下午茶活动，给幼儿提供一个温馨舒适的环境，幼儿在活动前自主摆放盘子、水果叉；活动中讲究礼仪，轻声交流；活动后有自我服务意识，自己整理桌面卫生。制定"和润约定"，每一个区角都有游戏规则，引导幼儿尝试制定班级约定，满足幼儿对规则的需要。幼儿是活动的主体，他们也需要知道东西放在哪、怎样发起互动和回应他人、事情要怎样完成等，"和润社会"课程通过多种活动满足幼儿的心理发展需要。

　　第二，幼儿的情绪情感更加稳定、统一。幼儿的情绪情感是幼儿社会性的基本组成部分，是幼儿表达自己生理状态和心理感受的重要途径。幼儿有自己的喜怒哀乐，在"和润社会"课程中，我们通过创设"和润家园"，与家长一起携手，培养幼儿积极稳定的情绪，比如我们开展了庆六一、毕业典礼、家长会等活动，我们还在主题教学中开展关于情绪情感的教育活动，引导幼儿体验多种情绪。

　　第三，幼儿的同伴关系更加友好、和谐。同伴是影响幼儿社会性发展的关键性因素。我们针对幼儿的年龄特点，在小班着重培养同伴之间的"分享"行为，中大班则着重培养"合作"的行为，我们在"和润社团"中，注重引导幼儿如何与同伴交往，注重幼儿在游戏中的体验和获得，让幼儿在与同伴的交往中获得社会性的发展。

　　第四，幼儿与成人的关系更加密切。幼儿的社会性发展离不开对成人的模仿和学习。我们让幼儿从对家庭成员角色的认知开始，根据年龄段开展不同的主题教学活动，了解家庭成员的组成、职业、爱好。比如我们在小班开展"我的家庭成员",中班开展"爸爸妈妈的职业",大班开展"家人生肖大调查"等活动,还在主题墙设置了家园共育板块,记录幼儿和家长的互动时光。

第五,幼儿在社会文化中获得了更大的发展。社会文化涉及幼儿生活的方方面面,影响着幼儿的社会性发展,同时也蕴含着大量社会性发展的经验。我们在主题教学中有关于各种职业的体验,比如小班的教育活动"你好,厨师",中班的教学活动"发型师",大班的教学活动"我是消防员"等,让幼儿了解不同的角色分工,尊重不同角色的劳动成果,遵守相应的行为规范。同时创设"和润节日",包括传统节日、社会节日、园所节日。节日也是幼儿园社会领域教育内容的重要组成部分,我们开展了"庆元旦迎新活动""三八妇女节主题活动""庆祝国庆"等节日教育活动,还在班级主题墙上创设了"爱国主题墙"板块,让幼儿了解我们的民族文化,加强爱国教育。

撰稿者:夏伟晨

(本章中照片由幼儿园提供)

第四章

探秘科学：带领儿童寻找世界的秘密

　　每个儿童都是小小科学家。儿童的探究精神是一种心理倾向，具有探究精神的儿童能在未来的学习和生活中自觉地进行尝试并克服困难。我们认为，探究是让孩子的学习从浅层次的体验走向深度学习的重要途径。儿童科学教育着眼于创造条件让儿童广泛接触各种具体实物或模型，鼓励儿童通过观察、触摸等方式去探究、去发现新事物，让儿童在科学学习中形成受益终身的学习态度和能力。在儿童的心中种下科学的种子，从而发现更多关于科学的秘密。

郑州市管城回族区回族幼儿园科学领域教研组共有教师 23 名，其中，中小学一级教师 2 人，中小学二级教师 15 人，郑州市骨干教师 5 人，管城区骨干教师 1 人。教研组队伍平均年龄 27 岁，他们师德品行优良，业务能力扎实，多人曾获得市、区优质课比赛一等奖。教研组秉持"在呵护中滋养好奇的种子，在探究中寻找世界的秘密"这一科学课程理念，带领儿童寻找世界的秘密。我们充分发挥团队凝聚力，旨在用心呵护孩子们心中那颗好奇的种子，让它生根、发芽，开出绚丽的花朵。为了进一步打造我园科学启蒙教育特色，我们依据《3—6 岁儿童学习与发展指南》，推进科学领域课程群建设，取得了圆满的效果。

第一节 发展儿童探究问题的能力

一、领域课程性质

《3—6岁儿童学习与发展指南》指出:"成人要善于发现和保护幼儿的好奇心,充分利用自然和现实生活机会,引导幼儿通过观察、比较、操作、实验等方法,学习发现问题、分析问题和解决问题;帮助幼儿不断积累经验,并运用于新的学习活动,形成受益终身的学习态度和能力。"

幼儿科学学习即科学探究和数学认知的对象都是客观世界,是自然界中的事物和现象。大自然以及周围生活中的各种事物与现象最能引起幼儿的好奇心和探究兴趣,也是幼儿发现事物特征、概括、分类和寻求事物间关系等思维活动发生的最集中的领域。因此,科学领域的学习与发展目标紧紧围绕着激发探究和认识兴趣,体验探究和解决问题的过程,发展初步的探究和解决问题的能力,凸显了"探究和解决问题"这一终身受益的核心价值。

数学在科学探究中的应用能够使证据更精确,解释更清晰,两者相互助益。就幼儿阶段的认识和学习所具有的综合性和情境性特点而言,幼儿的科学探究和数学认知常常有相同的认识对象和活动情境,可以自然地相互关联。如:幼儿观察探究和记录植物的生长变化时要用到数学和测量,要记录种子种下的日期和发芽所用的时间;在观察和记录天气时也要用到数学,发现温度高低的变化;在探究斜坡和物体滚动之间的关系时还要用到长短、高低和快慢等数学知识和经验。

总之,科学领域课程强调激发幼儿在科学活动中的兴趣,引导幼儿从身边的事物开始去探索、去发现,满足幼儿的需求,为他们终身乐于从事科学活动打下基础,同时通过科学学习使幼儿形成受益终身的学习态度和能力,从而发现更多的关于科学的秘密。

二、领域课程理念

基于上述认识,我园科学领域课程的理念定位为"探秘科学",其核心理念是"带领儿童寻找世界的秘密"。我们努力发现幼儿心底好奇的种子,使之成长为大自然的探秘者。我们一再强调教师的作用是要激发幼儿探究兴趣,让幼儿体验探究过程,发展探究能力,要重过程,轻结果,强调在玩中学、做中学和生活中学,带领孩子们去发现科学世界的无限秘密。

《3—6岁儿童学习与发展指南》中指出:幼儿的科学学习是在探究具体事物和解决实际问题中,尝试发现事物之间的异同和联系的过程。我们认为,幼儿探究的过程应该是有趣的、积极的、主动的。教师要保护幼儿的好奇心,因为只有这样,幼儿遇到问题才会主动寻找原因,并想办法解决问题,在解决问题的过程中幼儿学会了合作与交流,提高自身科学探究能力,幼儿对待科学的态度也得以培养。

"探秘科学"是探究的科学。幼儿对科学和数学的学习,要贴近生活,要在幼儿自己动手操作、细心观察、亲身体验中去完成,教师怎样激发幼儿探究的欲望,保护幼儿的好奇心是重中之重。在宇宙中、在世界中、在我们身边,有太多的秘密等着幼儿去发现,去探究。

"探秘科学"是有趣的科学。幼儿科学探究的问题,都是真实的、有趣的、贴近幼儿生活的问题,幼儿在探究这些问题时用到的科学能够让幼儿切实感受到科学的有用和有趣。

"探秘科学"是好奇的科学。幼儿在探究和发现的过程中,会遇到问题,怎样解决这些问题?这些问题产生的原因是什么?通过"探秘科学"课程的学习,幼儿可以解决这些问题,这就是它最重要的意义。

总之,"探秘科学"课程的建设坚持以幼儿为主体,贴近幼儿生活,强调用游戏的方式在实际操作中获得知识经验,呵护幼儿的好奇心,掌握科学思维的方法,最终提升幼儿的科学素养。

第二节　呵护儿童最初的探究欲望

《3—6岁儿童学习与发展指南》中指出："幼儿科学学习的核心是激发探究兴趣,体验探究过程,发展初步的探究能力。"成人要善于发现和保护幼儿的好奇心,呵护儿童最初的探究欲望,充分利用自然和实际生活机会,引导幼儿通过观察、比较、操作、实验等方法,学习发现问题、分析问题和解决问题;帮助幼儿不断积累经验,并运用于新的学习活动,形成受益终身的学习态度和能力。

一、领域课程总体目标

为了有效发展幼儿初步的探究能力,幼儿园根据幼儿身心发展的特点,设计了"探秘科学"课程。目的在于激发幼儿探究的兴趣,体验探究的过程,感受用科学的方法解决问题带来的快乐。根据幼儿园科学领域的育人目标,幼儿园设计了"探秘科学"的总体目标:对周围的事物、现象感兴趣,有好奇心和求知欲;能运用各种感官,动手动脑,探究问题;能用适当的方式表达、交流探索的过程和结果;能从生活和游戏中感受事物的数量关系并体验到数学的重要和有趣;爱护动植物,关心周围环境,珍惜自然资源,有初步的环保意识。

二、领域课程年段目标

《3—6岁儿童学习与发展指南》中指出："幼儿的发展是一个持续、渐进的过程,同时也表现出一定的阶段性特征。"幼儿园科学领域包含"科学探究"与"数学认知"两个方面的知识,根据幼儿不同年龄段发展的需求,幼儿园设置了"探秘科学"的各年龄段目标(详见表4-1)。

表4-1　"探秘科学"领域课程群年龄段目标

年龄段	科学探究目标	数学认知目标
小班	共同目标: 1. 喜欢接触大自然,对周围的很多事	共同目标: 1. 感知和发现周围物体的形状是多种

年龄段	科学探究目标	数学认知目标
	物和现象感兴趣。 2. 对感兴趣的事物能仔细观察,发现其明显特征。 3. 能用多种感官或动作去探索物体,关注动作所产生的结果。 4. 认识常见的动植物,能注意并发现周围的动植物是多种多样的。 园本目标: 1. 愿意利用各种感官认识事物,具有好奇心和探究欲望。 2. 懂得爱护身边的动物、植物,喜欢亲近大自然。 3. 初步运用多种形式表达自己的发现、探索结果和感受。	多样的,对不同的形状感兴趣。 2. 体验和发现生活中很多地方都用到数。 3. 感知和区分物体量的不同。 4. 能感知物体基本的空间位置和方位,理解上下、前后、里外等方位词。 园本目标: 1. 能运用多种感官观察周围的事物,能分辨出事物的主要特征,并对事物的量有初步的比较。 2. 用游戏的方法进行实际操作、亲身体验,形成初步的空间概念。 3. 能以自身为中心,正确区分上下,分辨前后。 4. 愿意运用多种感官,主动观察周围事物,能根据物体的明显特征进行分类。
中班	共同目标: 1. 经常动手动脑探索物体和材料,并乐在其中。 2. 能对事物或现象进行观察比较,发现其相同与不同。 3. 能通过简单的调查收集信息,能用图画或其他符号进行记录。 4. 能感知和发现动植物、常见材料、简单的物理现象、季节等变化。 园本目标: 1. 对周围的事物和现象有探究的兴趣,表现出好奇心和初步的求知欲。 2. 能运用多种感官探究周围的事物与现象,积极动手、动脑。 3. 能用多种方式表达与交流探究的过程与结果。	共同目标: 1. 在指导下,感知和体会有些事物可以用形状和数量来表示。 2. 能通过实际操作理解数与数之间的关系,如 5 比 4 多 1 等。 3. 会用数词描述事物的排列规律和位置。 4. 能感知和发现常见几何图形的基本特征,并能进行分类。 园本目标: 1. 能运用多种感官感知事物,并借助各种材料进行操作,通过操作、探索、发现,逐步丰富数学知识。 2. 能主动运用所学的数学知识解决生活中的实际问题,将数学与生活结合起来。 3. 能用自己的方式表达在数学活动中的探索的结果。

年龄段	科学探究目标	数学认知目标
大班	共同目标： 1. 对自己感兴趣的问题总是刨根问底，能经常动手动脑寻找问题的答案。 2. 能通过观察、比较与分析，发现并描述不同种类物体的特征或前后变化。 3. 能用一定的方法验证自己的猜测，并用数字、图画、图表或其他符号记录。 4. 能探索并发现常见的物理现象产生的条件或影响因素。 园本目标： 1. 能运用多种感官积极主动地操作、探索，动脑思考解决问题。 2. 能用恰当的方式与同伴交流自己探索的过程和结果。 3. 爱护动植物，关心周围环境，亲近大自然，珍惜自然资源，有环保意识。	共同目标： 1. 能发现事物简单的排列规律，并尝试创造新的排列规律。 2. 借助实际情景和操作理解"加"和"减"的实际意义。 3. 能用简单的记录表、统计图等表示简单的数量关系。 4. 能用常见的几何图形有创意地拼搭和画出物体的造型。 园本目标： 1. 通过观察、发现、比较和迁移等方法解决简单的数学问题。 2. 能积极运用所学的数学知识解决生活中的实际问题。 3. 常使用多种方式表达在数学活动中的探索结果。 4. 在数学活动中，能与同伴互相合作、友好相处。

第三节　给予儿童丰富的探究经历

幼儿园的课程形式是多种多样的,"探秘科学"框架的设置是基于"童味园"课程的理念,从多个角度出发,构建出"探秘科学"框架,给予儿童丰富的探究经历。

一、领域课程结构

根据3—6岁幼儿科学领域学科的核心素养、幼儿的思维方式和发展水平,"探秘科学"主要以幼儿园五大领域中的科学领域课程为主,以"幼儿观察、主动探究、动手实验"的模式,运用多种感官参与,从而发散思维,培养幼儿的科学素养。依据《3—6岁儿童学习与发展指南》科学领域中的教育建议:"支持幼儿在接触自然、生活事物和现象中积累有益的直接经验和感性认识""真诚地接纳、多方面支持和鼓励幼儿的探索行为""鼓励和支持幼儿发现、尝试解决日常生活中需要用到数学的问题,体会数学的用处",幼儿园将其内容整合分为"实验乐园""大自然之旅""宇宙奥秘""科技启航""快乐数学"五大类别主题课程(如图4-1所示)。

图4-1　"探秘科学"课程结构图

上图中各板块课程内容如下：

实验乐园：通过一些科学小实验，丰富幼儿的科普知识，在最大程度上激发幼儿对科学活动的兴趣，是融趣味性、操作性、思考性、变化性为一体的活动形式。

图 4-2 "实验乐园"活动展示

大自然之旅：带领幼儿认识自然、了解自然，进而发现人与自然、动物与自然之间的相互依存关系，通过探索自然、观察自然、发现自然，了解身边的自然现象，从而萌发热爱自然的情感。

图 4-3 "大自然之旅"活动展示

宇宙奥秘：引导幼儿了解我们共同的地球家园和神秘的宇宙太空，激发幼儿对我们赖以生存的地球环境及生命起源的思考，并学会保护环境，珍惜资源。

科技启航：通过观察、使用、参观身边的科技产品，了解常见的科技产品的用途及原理，感受科技对人类生活的影响和帮助。

图4-4 "宇宙奥秘"活动展示　　　图4-5 "科技启航"活动展示

快乐数学: 通过系统的学习数学知识与数学区角材料探索相结合,将抽象的数学知识转化为幼儿可以理解的、联系生活的游戏,帮助幼儿建立完整的数学知识架构。

图4-6 "快乐数学"活动展示

二、领域课程设置

正如杜威所说,儿童有调查和探究的本能,探索是儿童本能的冲动,好奇、好问、好探究是儿童与生俱来的特点。因此,我们从不同的角度出发,运用多种形式,架构学习内容,从而给予儿童丰富的探究经历。因此,幼儿园将"探秘科学"内容设置如下(详见表4-2)。

表4-2 "探秘科学"特色课程设置表

年龄班	学期	实验乐园	大自然之旅	宇宙奥秘	科技启航	快乐数学
小班	上学期	共同课程: 1. 影子好朋友 2. 一起来玩水 3. 水油分离 …… 园本课程: 1. 空气在哪里? 2. 颜色变变变 3. 我来称一称 ……	共同课程: 1. 我是小园丁 2. 发芽的豆子 3. 观察乌龟 …… 园本课程: 1. 我们去郊游 2. 水果种子在哪里 3. 植物妈妈有办法 ……	共同课程: 1. 地球知识小百科 2. 很久很久之前的地球 3. 地球上的生命 …… 园本课程: 1. 地球是圆的吗? 2. 地球的里面是什么? 3. 地球另一端的人是倒立的吗? ……	共同课程: 1. 生活中的电器 2. 电灯泡的故事 3. 奇妙的纸 …… 园本课程: 1. 玩绳子 2. 好玩的弹性物品 3. 多种多样的声音 ……	共同课程: 1. 送玩具回家 2. 图形宝宝的新家 3. 大大和小小 …… 园本课程: 1. 长和短 2. 分分合合 3. 蚂蚁搬豆 4. 1和许多 ……
小班	下学期	共同课程: 1. 趣味纸飞机 2. 神奇的雪花 3. 变大变小 ……	共同课程: 1. 小金鱼 2. 动物的尾巴 3. 水果的种子 ……	共同课程: 1. 可爱的地球 2. 地球小时候 3. 有外星人吗? ……	共同课程: 1. 神奇的防火服 2. 制作管道 3. 会变色的花 ……	共同课程: 1. 鸭宝宝排排队 2. 找朋友 3. 小熊超市 ……

年龄班	学期	实验乐园	大自然之旅	宇宙奥秘	科技启航	快乐数学
		园本课程： 1. 玩具真好玩 2. 会动的玩具 3. 我把玩具送回家 ……	园本课程： 1. 有趣的石子 2. 会变的云 3. 夜晚的天空 ……	…… 园本课程： 1. UFO 的故事 2. 设计太空飞船 3. 飞船飞上天 ……	园本课程： 1. 我认识的车 2. 消防车 3. 救护车 4. 工程车 ……	园本课程： 1. 找不同 2. 找相同 3. 小动物回家 ……
中班	上学期	共同课程： 1. 会飞的球 2. 小小不倒翁 3. 雪花飘满天 …… 园本课程： 1. 生活中的纸 2. 我们来造纸 3. 水的秘密 ……	共同课程： 1. 夏天的雷雨 2. 树木大调查 3. 动物的叫声 …… 园本课程： 1. 可爱的鸽子 2. 我认识的鸟朋友 3. 鸟是人类的朋友 ……	共同课程： 1. 白天与黑夜 2. 星星的故事 3. 月亮的变化 …… 园本课程： 1. 星星的形状 2. 十五的月亮 3. 日食 ……	共同课程： 1. 轮船的基本构造 2. 神奇的磁悬浮列车 3. 奇妙的 3D 世界 …… 园本课程： 1. 生活小帮手 2. 生活中的现代科技 3. 各种各样的电池 ……	共同课程： 1. 一起比高矮 2. 图形身份证 3. 占地盘 …… 园本课程： 1. 大家一起比粗细 2. 小动物排排队 3. 我们一起数一数 ……
中班	下学期	共同课程： 1. 制作风车 2. 水的张力	共同课程： 1. 测量植物 2. 小水滴旅行记	共同课程： 1. 我们的地球	共同课程： 1. 神奇的大力士	共同课程： 1. 玩具分一分

年龄班	学期	实验乐园	大自然之旅	宇宙奥秘	科技启航	快乐数学
		3. 颜色变变变 …… 园本课程： 1. 沉与浮 2. 水的用途多 3. 和面团 ……	3. 冬眠 …… 园本课程： 1. 春天来了 2. 春天的树木 3. 种植 ……	2. 天为什么是蓝的？ 3. 神秘的大海 …… 园本课程： 1. 夏天的天气变化 2. 夏天的虫 3. 蓝蓝的海洋 ……	2. 机械总动员 3. 有趣的影子 …… 园本课程： 1. 陆地上的车 2. 各种各样的船 3. 大飞机 ……	2. 盖高楼 3. 我会填符号 …… 园本课程： 1. 里和外 2. 上中下 3. 先与后 ……
大班	上学期	共同课程： 1. 摩擦起电 2. 看谁跑得快 3. 弹性的秘密 …… 园本课程： 1. 什么能溶在水里 2. 沉浮的改变 3. 光与影子 ……	共同课程： 1. 植物生病怎么办？ 2. 有趣的蚂蚁 3. 不一样的树 …… 园本课程： 1. 种子发芽 2. 吃植物的哪部分 3. 植物怎样吸水 ……	共同课程： 1. 星星之最 2. 登月 3. 神秘的黑洞 …… 园本课程： 1. 我们的地球 2. 神秘的太空 3. 太阳、地球和月亮 ……	共同课程： 1. 一起来制作动画 2. 会漂浮的针 3. 风车发电 …… 园本课程： 1. 好玩的镜子游戏 2. 有用的透镜 3. 光宝宝的传播 ……	共同课程： 1. 一起写数字 2. 分玩具 3. 信封有多长 …… 园本课程： 1. 两个两个数 2. 相邻数 3. 会变的数 ……
大班	下学期	共同课程： 1. 灯泡亮起来	共同课程： 1. 春天的花	共同课程： 1. 天外来客	共同课程： 1. 机器人	共同课程： 1. 分装年货

年龄班	学期	实验乐园	大自然之旅	宇宙奥秘	科技启航	快乐数学
		2. 神奇的陀螺 3. 制作彩虹 …… 园本课程： 1. 有趣的膨胀 2. 量一量 3. 我会做汽水 ……	2. 大树几岁了？ 3. 我喜欢的昆虫 …… 园本课程： 1. 七色光 2. 云的变化 3. 茫茫沙漠 ……	2. 银河系 3. 火星的奥秘 …… 园本课程： 1. 我知道的南极 2. 北极的动物 3. 极光 ……	2. 人工智能 3. 二维码 …… 园本课程： 1. 和时间游戏 2. 快递从哪来 3. 神奇的指纹 ……	2. 谁轻谁重 3. 他的左和右 …… 园本课程： 1. 数数有多少 2. 有趣的球体 3. 找规律 ……

我们在课程实施之前，各班教师以课程小组提供的"主题计划"为依据，结合各自在教育教学过程中的专业优势以及班级幼儿的发展水平，制定班级周活动计划与日计划，创造性地落实课程目标。

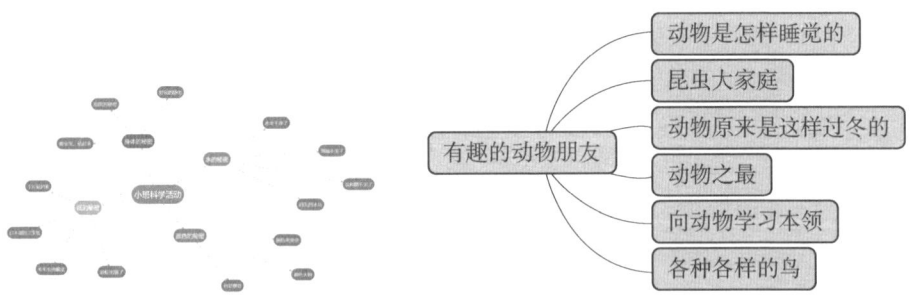

图 4-7　小班科学活动主题网络图示意

幼儿园课程内容应该是生活性和浅显性皆备，课程内容与现实生活的距意越近，越能引发幼儿的学习兴趣，幼儿的学习也就越有效。而且这些内容不是以知识的逻辑组织起来的严格的学科，而是以生活的逻辑组织起来的多样化的、感性化的和趣味化的活动。这将如何开展呢?

检验一个课程是否科学和有效,其实施细节决定一切。下文举例说明。

班本课程:你好,小乌龟

一、课程来源

新学期来到,也许是春天的缘故,很多孩子喜欢在家养些小动物。在创设自然角时,孩子们都不约而同地从家里带来了小乌龟,班里十多只乌龟的到来让小四班这个大家庭有了更多的生机,各种各样大小不一的乌龟吸引了孩子们的好奇和关心。在户外活动或是散步时,孩子们总是忍不住停下脚步去看小乌龟。从孩子专注的眼神和交流中,老师读出了孩子们对乌龟的兴趣。在与班上老师交流之后,考虑到班级里的现有资源,便将本次班本课程的对象定为小乌龟,就这样,小四班孩子们与乌龟的探秘故事悄悄开始了……

课程实施前,我们和孩子展开了一场关于乌龟的讨论,通过师幼谈话,并结合小乌龟调查表,我们了解了幼儿对小乌龟的已有经验,根据幼儿前期经验,预设主题内容。

(一)关于乌龟的讨论

问题1:关于乌龟你了解什么?

芊沫:小乌龟会游泳。

嘉琦:小乌龟可以翻跟头。

诺诺:小乌龟还会冬眠呢。

朵朵:小乌龟有个大大的壳,它会用壳来保护自己。

从孩子们对乌龟的发言中,我们感受到有的孩子对乌龟的认识比较多,有的则了解甚微。于是,我们提出了新的问题。

问题2:关于乌龟你想知道些什么?

泽臣:乌龟有脚吗? 有几只脚呢?

南希:乌龟吃什么会长大? 它会挑食吗?

乐乐:乌龟也像我们一样需要睡觉吗? ……

（二）家园共育做调查

围绕孩子们讨论的话题,班级教师整理出孩子们的问题,并制成一张调查表,利用家园共育的方式请爸爸妈妈和孩子一起收集关于小乌龟的小秘密。

二、关键经验

在本次课程故事中,围绕主题小乌龟也有许多的关键经验值得我们学习与思考。以下是《你好,小乌龟》在五大领域中所涉及的关键经验,给大家做简单分享。

（一）健康领域

1. 喜爱运动;

2. 尝试运用走、跳、钻爬、平衡等基本动作技能进行锻炼,逐步提高运动能力和身体素质。

（二）语言领域

1. 讲述与自己密切相关的,自己熟悉、关注和喜欢的事;

2. 乐于、敢于并能用清楚的发音、简单的词句表达自己的想法和感受。能倾听和听懂同伴的语言;

3. 接触短小、生动、具有简单情节的优秀故事,乐于表现和再现作品中的语言、动作。

（三）社会领域

1. 喜欢参加集体活动与游戏;

2. 建立爱护周围小动物的意识。

（四）科学领域

1. 有好奇心,能在老师的带领下积极参与探究活动,能在老师的鼓励支持下与同伴分享与交流自己的发现;

2. 敢于并乐于提出问题,能在老师的引导下进行大胆的猜想和细致的观察,能用简单形象的方式记录自己的发现,敢于用简单的语言表达自己的疑问和发现;

3. 喜欢观察并爱护动物,愿意饲养小动物,关注动物的生长变化。

（五）艺术领域

1. 绘画：以点与线为主，初步形与线的应用；

2. 手工：接触初步的泥工，表现与绘画内容相关的事物。

三、课程脉络

为了让孩子们全方位地深入了解乌龟，班级教师先根据幼儿的兴趣，在师幼讨论的基础上，结合关键经验，对活动进行了一定的预设，并追随童思，进行生成性学习。

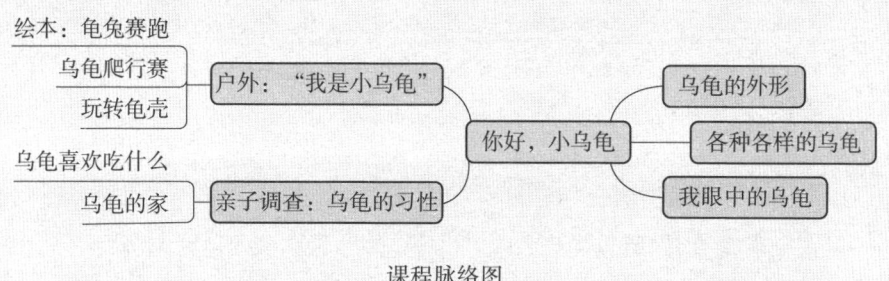

课程脉络图

四、课程生成与实施

（一）活动1：乌龟的外形

内容记录

小乌龟长什么样子呢？通过对乌龟的观察，我们知道了小乌龟的脑袋上长着两只圆溜溜的像绿豆一样的小眼睛，它的小眼睛总是不停地向四处张望着什么。它的眼皮也可有趣呢，别的动物的眼皮是长在上面的，可它的眼皮却是长在下面的。它有四只脚，这四只脚都很短，脚趾间还长着像"蹼"一样的肉。它身上有一套"护身服"，这就是它硬硬的"盔甲"，"盔甲"上还有像彩虹一样的花纹。它的尾巴尖尖的，是动物中罕见的很特别的尾巴。

幼儿的经验与学习

《指南》中指出，幼儿科学学习的路径是通过直接感知、亲身体验和实际操作。所以在活动中，我引导孩子们通过用眼观察、用手触摸等多种感官的参与了解乌龟，并结合同伴模仿和教师引领等方式，增进孩子们对乌龟进一步的感性认识。

教师的思考与支持

课程来源于幼儿的生活，兴趣是幼儿学习与发展的动机和力量，这个过程是基于孩子们真实的需求，满足孩子们探索的欲望，在真实与乌龟互动的过程中，更直观地了解乌龟的外形特征。

(二)活动2:乌龟喜欢吃什么

内容记录

1. 乌龟喜欢吃什么:孩子们对乌龟认识加深的同时，也产生了很多疑问。一天早入园时，朵朵一边观察乌龟，一边和六六说:"小乌龟会不会饿呀?""它是吃乌龟食长大的吗?"一旁的明明说:"应该也会吃别的吧?"在课程实施的过程中，我们继续追随孩子的关注点，利用家长资源，请家长们带来一些食物，让孩子共同探索小乌龟喜欢吃什么。

原来小乌龟喜欢吃的食物有很多:龟饲料、菜叶、小麦，辅助的食物有虾、鱼、肉等。在分享交流时，班里的昱哲说:"我爸爸说，如果喂的食物太多，水会变臭，乌龟也不喜欢。"大家听后，也纷纷讨论了起来。安琪说:"那我们要帮它经常换水。"之后，孩子们便约定好，每天来幼儿园的第一个小朋友给乌龟换水、喂食。

2. 小小乌龟蛋:看到孩子们对照顾乌龟有很高的积极性，我们还在班级里准备了几个乌龟蛋，想让孩子们从乌龟蛋孵化开始，更完整、全面地形成对小乌龟的认知。我们又决定每天先吃完加餐的小朋友负责给小乌龟蛋喷水，照顾未出生的小乌龟。

幼儿的经验与学习

幼儿在接触自然、生活事物和现象中积累了有益的直接经验和感性认识，为了能争取到照顾乌龟的机会，孩子们每天早入园的积极性和精神状态大大提高。通过照顾乌龟，班级常规也得到了整体的提高。

教师的思考与支持

我们要真诚地接纳、多方面支持和鼓励幼儿的探索行为，认真对待幼儿的问题，通过做调查或小实验寻求答案，并引导幼儿关注和了解小乌龟与人们生活的密切关系，逐渐懂得爱护小乌龟。

(三)活动3:各种各样的乌龟

内容记录

在每天观察和照顾小乌龟的过程中,孩子们也有了一些新的发现。这天,淘淘在查看乌龟时发现:"乌龟壳上的花纹为什么是不一样的啊?"一旁的南希也看到:"是啊,他们的尾巴也有的长,有的短呢。"于是,我们一起上网查阅资料,发现原来小乌龟是有很多种类的。我们便组织了一节生动有趣的科学活动,知道了脑袋上有红红的斑点的是巴西红耳龟;背壳上有红色花纹的,像火一样的是火焰龟;身上长着像小山一样的刺,跟鳄鱼很像的是大鳄龟……看到幼儿们对这些乌龟也同样感兴趣,我们便制作了一些小图册,投放到了主题墙上。果然,孩子们对它们的兴趣也很浓厚。有一次偶然看到几个小姑娘围在主题墙周围,一边翻看小册子,一边讨论着"这个是鳄龟,长得最像鳄鱼了;这个是长颈龟,不是长脖龟……"

幼儿的经验与学习

幼儿对感兴趣的事物能仔细观察,发现其明显特征。通过对乌龟的比较观察与连续观察,孩子们新发现了原来小乌龟也有不同的种类,这个过程丰富了幼儿的知识经验,也提高了幼儿初步的探究能力。

教师的思考与支持

我们要追随孩子的兴趣点,善于发现和保护他们的好奇心,激发他们的兴趣,培养他们的求知欲和探索欲,做他们的支持者、引导者。引导幼儿观察周围事物,学习观察的基本方法,培养幼儿观察与分类能力。

(四)活动4:"龟龟"赛跑

内容记录

1. "龟龟赛跑":在晨暮读中,《龟兔赛跑》的故事吸引了大家的兴趣,孩子们也很想看一场真实的龟兔赛跑,可是我们没有小兔子,这时候开心说:"乌龟也可以和乌龟一起比赛呀!"孩子们很兴奋:"对呀,我们看看哪只乌龟最厉害!"就这样,一场"龟龟赛跑"开始了,孩子们一边给小乌龟们加油,一边还互相提醒:"我们要站在边上,不能影响小乌龟比赛!"

2. 我是"小乌龟":乌龟比赛后,孩子们也跃跃欲试。回忆之前的谈话中,很多孩子都说到小乌龟是用四只脚爬行的,而且爬得很慢很慢,因此很多孩子便模仿乌龟爬行的样子进行赛跑。之后在爬行过程中铂晗突然喊道:"老师,乌龟还有硬硬的壳呢!"于是老师去材料柜里找来了飞盘当乌龟壳,这下,可爱的"小乌龟们"小心翼翼地开始了他们的爬行比赛。

可是在爬行过程中也发现了问题——背上的壳容易滑落。这怎么办呢？孩子们纷纷动脑筋想办法,我们发现,有的幼儿选择用一只手摁住"乌龟壳",有的幼儿双脚向上翘起让脚钩住"乌龟壳"……

幼儿的经验与学习

在这个过程中,幼儿们纷纷效仿乌龟爬,可以看出他们有模仿的需求。幼儿在探究的过程中发现问题并积极动脑,用自己的方法去寻找答案或解决问题,也体现了他们爱动脑筋的好品质。爬行赛的进行不仅让孩子深刻了解乌龟的爬行方式,并且锻炼了孩子的四肢协调能力及平衡能力。

教师的思考与支持

教师应让幼儿接触短小、生动、具有简单情节的优秀故事,引导幼儿乐于表现或再现作品中的语言、动作。经常和幼儿一起进行户外运动和游戏,鼓励幼儿和同伴一起开展体育活动,并开展丰富多样、适合幼儿年龄特点的身体活动,发展幼儿动作的协调性和灵活性。

（五）活动5:给乌龟送行

内容记录

有一天早晨,孩子们像往常一样给小乌龟换水。突然,关栋发现有一只小乌龟不动了,他着急地喊来小伙伴依依,依依发现小乌龟的眼睛变大了,眼周还有点白白的,说道:"水都变颜色了,还臭臭的,小乌龟该不会死了吧?"关栋连忙说:"不会的,我昨天看小乌龟还是好好的,怎么会死了呢?"孩子们不愿意相信这个事情,便端着小乌龟来向我求证。经过观察,我们发现小乌龟确实是离开了我们。

孩子们知道这个消息之后都很难过,便纷纷猜测小乌龟去世的原因。宝球说:"小乌龟是饿着了,还是吃太多撑得呢?"子煜说:"该不会是水太多了吧?"沫沫说:"是因为盖子盖得太紧了,憋坏了吗?"……带着孩子的猜测,我们去网上查阅了一些资料,并向有养乌龟经验的老师请教,发现小乌龟可能是因为感冒得了肺炎,才离开我们的。

知道了小乌龟逝去的原因,我们便决定给小乌龟进行一场简单的告别仪式。我们找来小铲子和小木棍,带着去世的小乌龟,将它埋葬在了院子里的银杏树下,孩子们纷纷向小乌龟告别,跟它说"再见",有些小女生还忍不住流下眼泪。

收拾好难过的心情,我们开始思考,该如何照顾好其余的小乌龟呢? 通过查阅资料,并向其他老师请教经验,我们找到了一些照顾小乌龟的方法,比如经常换水,不用脏手触摸小乌龟,减少它与病菌接触的机会等,就这样过了一段时间。

后来,又有一只小乌龟出现了同样的情况,眼睛白白的,不爱动弹。孩子们很着急,担心这只小乌龟会像上一只乌龟那样离开我们。经过我们的观察,发现这只乌龟虽然和逝去的乌龟症状相同,但它的病情稍微轻一些,还有挽救的机会。于是,我们便选择了一些救治方法,老师们找来了一些消炎药,给小乌龟做药浴。而小朋友们在户外活动或是散步时,会把小乌龟带出去晒太阳,给它消消毒,杀杀菌。慢慢地,这只小乌龟好了起来。

幼儿的经验与学习

《指南》科学领域中提出:让孩子们学会关心小动物,在饲养动物的过程中,感知生物的多样性和独特性,以及生长发育、繁殖和死亡的过程,树立他们爱护小动物的情感。给乌龟送别的过程让孩子们认识到了生命的可贵,知道了我们不仅要照顾好小乌龟,也要照顾好自己的身体,珍爱生命。

教师的思考与支持

在探索过程中,教师应支持幼儿与同伴探究与分享交流,讨论自己的问题与发现,共同收集资料和验证猜测。引导幼儿体会人与动物的关系,逐渐懂得热爱、尊重和保护自然。所以,这次乌龟的意外去世对孩子们来说,也是一次很好的生命教育吧。

五、尾声

在课程开展的过程中,关于乌龟还发生了很多的故事。比如在美工区画小乌龟,手工制作小乌龟等,从多样化的活动中,我们也看到了幼儿围绕乌龟本体的无限创意。

时光飞逝,整个学期即将结束,孩子们也陆陆续续将自己的小乌龟带回家中。然而,我们的乌龟蛋却始终没有动静,也不知是乌龟蛋本身有问题,还是我们操作不当,小乌龟最终没能成功地孵化出生。本以为这会是我们的一个遗憾,没想到,在假期中,班上樊宸亦的家长向我们发来一段视频,视频的内容恰好就是孩子在家和父母一起孵化乌龟蛋并且孵化成功的视频。

从视频中,我们感受到樊宸亦小朋友和姐姐两人看到这种情形时的激动和开心。不只是他们，这个视频也给我们带来了很大的惊喜。这个惊喜视频的出现，让我们的孩子真实直观地看到了乌龟蛋孵化、小乌龟出生的过程，从而更全面地认识了小乌龟。我们也很惊喜，孩子们能将在幼儿园了解到的内容延伸到家庭里去，而且家长也很愿意继续支持孩子们进一步的探索与学习发现。

喜欢小动物是孩子们的天性，孩子们喜欢和动物交朋友，乌龟又是孩子们所熟悉的小动物，但是前期他们对乌龟的经验可能只停留在比较浅显的认识上，所以在此活动中，我们注重幼儿的直接感知和亲身体验，并支持他们的活动，让他们通过活动逐步了解乌龟的习性，知道如何科学地照顾小乌龟，通过实际探索获得相关的知识经验。

有乌龟陪伴的日子，每天都发生着有趣、有意义的学习故事。孩子们在课程学习中主动观察、探索、提出疑问并一点一点解决心中的疑问的过程便是成长。随着课程的推进，活动内容也丰富了我们的知识，开拓了我们的视野，帮助我们学会坚持，学会关注。在今后的教育实践中，我们将继续追寻幼儿的兴趣需要，理解幼儿的思维方式和学习特点，给予他们充分的支持，引导每一个幼儿在探索过程中获得愉快的情绪情感体验，热爱自然，热爱生命。

第四节　引导儿童多感官参与探究

　　生活中处处是教育,我们把科学教育融进幼儿的一日生活,以五大领域中科学领域活动为基准,开展集体活动,进行知识框架组建。从区角的设置中促进幼儿自主性和主动性的发展,满足幼儿个别化的学习需求。以科学实验室为载体,帮助幼儿汲取更加丰富、新颖的科学体验,一起探索科学的秘密。

　　根据幼儿的年龄特点和认知水平,遵循幼儿的学习是以游戏为主的原则,幼儿园通过"探秘课堂""探秘社团""探秘生活""探秘游戏""探秘科技节"五种实施途径,开展"探秘科学"课程,引导幼儿用游戏的方式,多感官参与,在探索和发现中掌握科学知识。

一、构建"探秘课堂",在探究中寻找秘密

　　"探秘课堂"就是学科教师依托本园的课程资源库,结合自己的教育教学经验,对活动采取游戏化、多样化的教学设计,充分激发幼儿探究科学奥秘的积极性。"探秘课堂"的主要任务是提炼"探秘课程"的核心要素,将理念在课堂中进行研究和实践,引导教师从学科教学走向学科教育。

案例 4-2　大班科学活动:有趣的莫比乌斯圈

一、 设计意图

　　《纲要》中提出:"教育内容的选择既要适合幼儿的现有水平,又有一定的挑战性;既要符合幼儿的现实需要,又有利于其长远发展;既要贴近幼儿的生活来选择幼儿感兴趣的事物和问题,又有助于拓展幼儿的经验和视野。"大班幼儿对于科学现象富有探索兴趣,有初步的观察、理解和运用能力,有使用剪刀沿着纸条中线剪的技能基础。

　　在进行"纸"这一主题活动中,一个孩子在区角活动时,无意中把纸圈扭了一下,引起了其他孩子的兴趣,大家纷纷模仿,教师不禁想到了一个原理——莫比乌斯圈。莫比乌斯圈如何制作? 有什么特点呢? 这些问题对于爱学、好问,有极强求知欲望的大班孩子来说,正能激起他们的好奇心,因此生成了《有趣的莫比乌斯圈》这一科学活动。

整个活动中引导幼儿运用"猜一猜,试一试,想一想,再试试"的研究策略,通过引导孩子观察、比较、操作、实验等,激发幼儿的探索欲望,培养幼儿的科学探究能力。幼儿全身心地投入活动中,因自己的成功发现而增强自信心,同时也激发了自己参与下一个活动环节的积极性。

二、 活动目标

1. 通过探索操作,发现莫比乌斯圈与普通的圈在沿相同的线剪开后会产生不同的现象,并大胆讲述自己的发现。

2. 了解莫比乌斯圈在生活中的应用以及给生活带来的便捷。

3. 体验活动中探索和求证过程带来的乐趣。

三、 重点难点

1. 活动重点:大胆猜想并讲述自己在探索过程中的发现。

2. 活动难点:通过探索操作,发现莫比乌斯圈与普通的圈在沿相同的线剪开后会产生不同的现象。

四、 活动准备

1. 经验准备:幼儿会按照中心线进行剪。

2. 物质准备:纸圈、剪刀、电子课件、记录表人手一份。

五、 活动过程

(一)导入环节

1. 纸条变纸圈。

师:这是什么? 你们能用纸条变成纸圈吗? 怎么变?

2. 出示莫比乌斯圈,激发幼儿的兴趣。

师:现在请小朋友仔细看一看,这两个纸圈有什么一样的地方? 有什么地方是不一样的?

小结:小朋友观察得真仔细,一个是红色的,一个是绿绿的,发现了颜色的不同,还有形状有一点点不一样,一个拧过一个没拧过。

师:现在请小朋友们举起红色的纸圈,伸出食指,从绿色的方块出发,沿着红色的线走,一直走回绿色的方块,你们发现了什么?

师:试试另一个绿色的纸圈,沿着红线走,手指还是一直在外圈吗?为什么会这样呢?

小结:其实这个神奇的纸圈它有一个好听的名字,叫莫比乌斯圈,是德国科学家莫比乌斯在1858年发现的。人们为了纪念他就给这个圈取名为莫比乌斯圈。

(二)操作环节

1. 幼儿第一次操作,发现莫比乌斯现象一:两等分的莫比乌斯圈。

师:现在我要请小朋友帮我一个忙,老师很想知道这个红色的普通的纸圈沿着线剪开会变成什么,你们觉得会变成什么呢?

(1)出示记录单引发幼儿猜测。

师:好的,老师会把小朋友的猜想记录在这个记录表上,表示小朋友猜想的,小手形状下记录我们实验的结果。现在我就把小朋友回答的内容记录在上面,待会我们来看看小朋友想的对不对。现在我们就来自己动手剪一下,看看会变成什么样子。

师:和你们的猜想一样吗?谁来给大家分享一下你的实验结果。

总结:哇,红色的圈,按照刚刚的线剪下去,变成了两个圈,果然,通过实验才能验证我们的想法。

(2)提出问题,幼儿再次操作,验证猜测。

师:那如果把莫比乌斯圈也沿着刚刚的线剪开,会怎么样呢?谁来说一说你的猜测?会和刚刚的一样吗?有没有不同的答案?

2. 幼儿再次操作,提升经验。

师:咦,你们发现什么秘密?你剪好的结果和刚才猜的一样吗?

师:谁来说一说你的发现?为什么会这样呢?一样的操作方法,为什么结果却是不一样的呢?

总结:普通的红色纸圈沿着线剪开变成两个大小不变的圈,而绿色的莫比乌斯圈沿线剪开后,变成了一个更大的莫比乌斯圈。看吧,每一次的结果答案,一定是要通过操作验证才会发现。

3. 第三次操作：发现莫比乌斯现象二。

师：你们看，这两种圈上还有一个颜色的线没剪，我还想知道，普通的纸圈沿着剩下颜色的线剪会变成什么样？

师：那如果这个莫比乌斯圈沿着剩下颜色的线剪开，又有什么变化呢？你们想来试一下吗？（幼儿猜测后操作并记录）

小结：红色纸圈沿着中间的线剪开后还是两个大小不变的纸圈，操作后总共是四个大小不变的纸圈；而绿色的纸圈变成两个大小一样套在一起的莫比乌斯圈。

（三）讨论环节

观看图片，拓展了解莫比乌斯圈在生活中的运用。

师：这个莫比乌斯圈神不神奇？其实呀，这个神奇的莫比乌斯圈在我们生活中很多地方都用得到，我们一起来看看吧。

1. 立交桥：避免行人车辆的拥挤。

2. 过山车：利用了莫比乌斯带只有一个面一条边，从起点出发，又回到了起点。

3. 传送带：莫比乌斯带只有一个面，减少反复的摩擦工作，增加传送距离和面积，延长使用周期。

4. 三叶扭结利用了莫比乌斯带无限循环的含义，象征着科学没有国界，各种学科之间互相连通。

小结：人们利用莫比乌斯圈的原理，建造了许多有用的东西，让我们的生活更加方便美好。

六、延伸活动

师：回家之后，你们可以和爸爸妈妈一起找一找，还有什么地方藏着莫比乌斯圈，明天老师要请小朋友们来分享你们的发现。

（一）"探秘课堂"的内容与组织形式

"探秘课堂"主要是通过引导幼儿从大自然中和生活中仔细观察、亲身体验、发现问题并想办法去解决问题，激发幼儿的探究欲望，"探秘课堂"是贴近幼儿生活，亲近自然，以兴趣为导向，在探究中寻找大自然的秘密的课堂。

"探秘课堂"是适合幼儿的课堂。切合幼儿发展需要的事物，围绕幼儿感兴趣的内容,以幼儿感兴趣的形式设计教学问题,开展交流探讨。

"探秘课堂"是以游戏为主要形式的课堂。以游戏为手段,贯穿科学领域的整个教学活动。

"探秘课堂"是生成性的课堂。教师眼中处处是幼儿,教学方法和内容要随着孩子的变化而变化。教师要充分发挥幼儿的主体地位,激发幼儿的兴趣点,为幼儿个性发展创设更大的空间,体现教师的教育机智。

"探秘课堂"是充满期待和鼓励的课堂。我们相信,每个孩子都是一个小小的科学家,可以探索无穷的奥秘。

(二)"探秘课堂"的评价要求

科学活动的评价不能只从结果来衡量,它重视的是过程,而非结果,教师的引导、介入,幼儿的探究欲望、探究方法才是最宝贵的经验,因此,我们制定了"探秘课堂"评价表(详见表4-3)。

表4-3 "探秘课堂"评价表

评价指标	评价类别	评价标准	权重分	评分
紧扣童趣	教学目标	1. 目标明确、具体、适宜,适合幼儿的身心发展特点。	6	
		2. 体现三维目标的整合性,具体明确,具有可操作性。	5	
突出童真	幼儿学习效果	1. 活动兴趣浓厚,积极参与,主动操作、感知。	6	
		2. 能积极参与活动,大胆回答问题。	6	
		3. 在活动中能表现出一定的探索精神。	6	
		4. 有自主学习、小组交流、合作学习的意识。	5	
		5. 每个幼儿都有不同程度的收获,多数幼儿能够完成活动目标要求。	6	
追随童思	教师教学行为	1. 教学方法、手段灵活多样,勇于改革和创新。	6	
		2. 运用先进的教育思想、手段、方法。	5	
		3. 关注活动生成,灵活实施计划。	5	
		4. 体现幼儿的主体地位和教师的主导地位。	5	
		5. 教态亲切自然、情绪饱满,富有感染力。	5	
		6. 语言准确、简洁、生动,语调高低、快慢适度,富于变化。	5	

评价指标	评价类别	评价标准	权重分	评分
引导童心	教师课堂表现	1. 教态亲切自然、情绪饱满，富有感染力。	6	
		2. 能够创设宽松民主的教学氛围，师幼关系融洽。	5	
		3. 注重幼儿学习习惯和良好行为习惯的培养。	6	
呵护童心	教师评价	1. 及时发现幼儿需求，面向全体的同时关注个体差异，体现因人施教。	6	
		2. 鼓励引导幼儿积极探索，运用过程性评价。	6	
本次活动亮点：	评价：		总分：	

二、推行"探秘生活"，体验身边的科学活动

"探秘生活"课程是从幼儿园的环境创设——植物角入手，通过对植物角中的动植物的观察、照顾，以及对动植物生命成长的研究，获得科学经验。由此，我们开展了探秘春天系列活动。

案例 4-3　**探秘春天主题活动：你好，春天**

我们以春天为媒介，将自然作课，围绕"童味园"课程中"探秘科学"课程"呵护童心，在探究中寻找秘密"的核心素养，根据"浸润好奇的种子，成长为大自然的探秘者"的课程理念，激发幼儿探究兴趣，让幼儿体验探究过程，发展探究能力，在"玩中学、做中学和生活中学"，进行了以"你好，春天"为主题的探秘春天活动。

1. 寻找春天

幼儿有调查和探究的本能，探索是幼儿本能的冲动，好奇、好问、好探究是幼儿与生俱来的特点。在亲近自然之后，寻找春天成为兴趣导向，幼儿园的一草一木也就成为了幼儿在探究中寻找大自然秘密的课堂。

小班的幼儿会用多种感官或动作去探索物体，他们更关注动作所产生的结果，也能注意并发现周围的动植物是多种多样的。

中大班的幼儿对自己感兴趣的问题要刨根问底,能通过简单的调查收集信息,还会用一定的方法验证自己的猜测,并且能用数字、图画、图表或其他符号记录。

大自然以及周围生活中的各种事物与现象最能引起幼儿的好奇心和探究兴趣,也是幼儿发现事物特征,概括、分类和寻求事物间关系等思维活动发生最集中的领域。

2. 播种春天

幼儿对大自然中的事物和发生的现象进行探索、寻找答案的过程可以称为幼儿的"科学探究"。在这个春天,我们的孩子精心种下手心里的种子,我们的老师用心呵护孩子心中那颗好奇的种子,共同探秘摸索,让种子生根、发芽,开出让人为之欣喜的花果。

探秘春天依托载体为"探秘科学"课程中的"探秘课堂",通过引导幼儿从大自然中和生活中仔细观察、亲身体验,发现问题并想办法解决问题,激发幼儿的探究欲望。课程贴近幼儿生活,亲近自然,以兴趣为导向,是在探究中寻找大自然的秘密的课堂。在探秘植物世界之前,孩子们做好了充分的准备,走进自然,亲近泥土,和昆虫蛛蚁交朋友,握锹、耙、铲、壶做劳动。

3. 探秘春天

幼儿的活动兴趣浓厚,能积极参与活动,在活动中能表现出一定的探索精神,有自主学习、小组交流、合作学习的意识。每个幼儿都有不同程度的收获。教师要能够及时发现幼儿需求,面向全体的同时关注个体差异,体现因材施教,鼓励引导幼儿积极探索,运用过程性评价。

4. 春天之后

你们知道吗,还有哪些植物既可以在土地里,也可以在水中生根发芽呢……

不断地学习与思考是每一个幼儿的成长特质,同时也是教师专业成长必不可缺的品质。我们需要在与孩子共同学习与成长的过程中,与孩子共建好学与善思的美好品质。

(一)"探秘生活"的内容与组织形式

"探秘生活"课程由各班老师根据自己班级孩子的年龄特点及认知水平,创设有一定教育意义的自然环境,结合季节特点和年龄特点,有目的、分区域地指导幼儿进行观察、记录、实验等操作,培养幼儿热爱自然、热爱生活、热爱生命的科学素养。

植物角： 每班根据各班主题,教师、家长和孩子一起布置植物角,划分土培区、水培区、观赏区、种植区、养殖区等不同的区域,幼儿自己来照顾植物。在满足幼儿欣赏与观察的同时,也发展了幼儿动手与操作的科学探索能力。

图 4-7 "植物角"展示

户外种植区： 每个班都有一块属于自己的小菜园,在这里幼儿可以选择种植主题,教师和幼儿一起参与播种、成长到收获的过程。

图 4-8 "户外种植区"幼儿活动展示

如何追随孩子们的兴趣,满足孩子种植的愿望,使他们在轻松、愉悦的环境中了解植物的外形特征和营养价值呢? 陶行知先生说过:"生活即教育。"一切生活都是课程,一切课程也都是生活。基于孩子们的现状和兴趣,我们从孩子的实际情况出发,一场关于秋天丰收的故事开始了。

案例 4 - 4

种植采摘实践活动:
听,种植园传来了幸福的声音

迎着秋日的微风,

温暖的阳光,

种植园里的花生、紫薯成熟了!

让我们和孩子们一起走进种植园,

欣赏秋天的美景,

体验劳动的快乐,

感受大自然的美好吧!

"春种一粒粟,秋收万颗子",丰富多彩的大自然为我们提供了宝贵的教育。为了让孩子们充分感受大自然的美好,体会丰收的喜悦,提高幼儿劳动能力,我们开展了秋季采摘活动。让我们一起走进幼儿园的种植园去看一看吧!

1. 话·秋果

采摘前,孩子们和教师共同制定计划,商讨采摘的方法,教师在日常活动中也通过多种途径让孩子们了解不同蔬果的营养价值,引导幼儿增进生活常识,丰富认知经验。

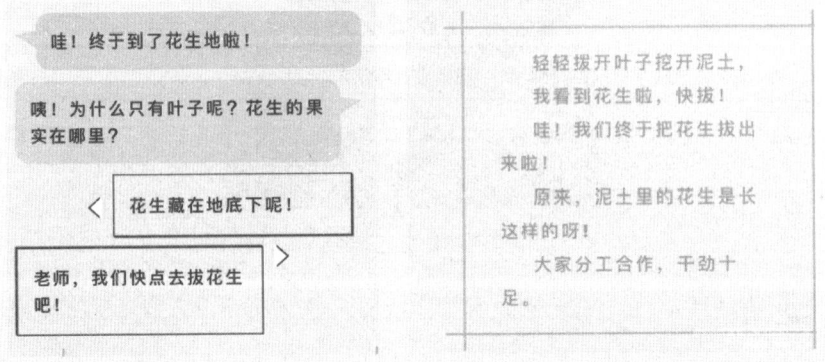

2. 花生宝宝在哪里

咦，花生宝宝藏在哪里呀？我们一起来找一找。同伴合作，一起拔秧，哇，花生宝宝终于被我们找到了！不多久孩子们就拔出了一串串大大小小的花生。"你看，我这个上面好多花生""一个个花生像小铃铛""哇，叮叮当当，白白胖胖"，孩子们激动地拿着自己的花生与老师和同伴分享收获的喜悦。

3. 嘿呦嘿呦挖紫薯

小小的种植园里到处可见孩子们收获的快乐身影，和同伴交流讨论，分享自己的发现。看，孩子们撸起袖子，弓起身子，叫上同伴，喊起号子，"嘿呦嘿呦"，一片欢声笑语。在与同伴的合作中，都成功地挖出了紫薯，别提多开心了。

孩子们在欢声笑语中，不仅了解到花生是长在泥土里的，还发现每颗花生宝宝的个数也不一样多，紫薯宝宝鼓起了小肚皮。还有的孩子们在菜园里发现了蚂蚱、蟋蟀、蜘蛛、小虫子……大自然的魅力是无穷无尽的！带给孩子们太多的乐趣。

4. 品·秋实

采摘结束后，孩子们将收获的花生、紫薯带到教室，自己动手洗一洗，搓一搓，一粒粒花生像快乐的小精灵，迫不及待跳进孩子们的小手中，很快花生宝宝都变成了白胖子，紫薯宝宝露出了小肚皮。

"紫薯好甜呀，紫薯软软糯糯的真好吃，快看我的舌头也变成紫色啦。我的肚子好饱呀……"带着满载的喜悦，分享着自己的劳动成果，孩子们难抑心中的兴奋与快乐，欢笑声此起彼伏，享受着大自然带来的轻松与惬意，开心极了。

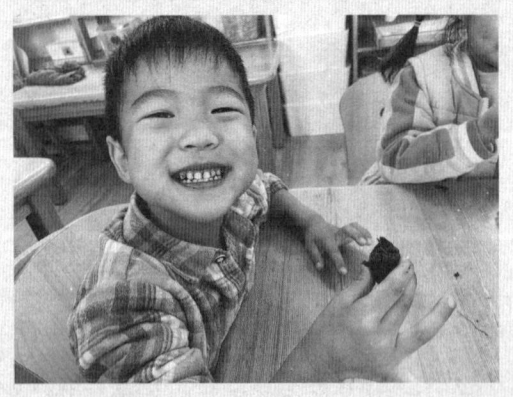

5. 留·秋收

幼儿园的秋天是一幅美丽的画卷，充满诗情画意，孩子们手握画笔，时而细心观察，时而静静思考，时而专注作画，时而窃窃私语，一笔一画，描绘着他们眼前的美景，仿佛在述说不一样的"秋收"故事。

著名教育家陈鹤琴说过："大自然、大社会都是活教材。"幼儿园里的种植园地、自然角还有绿植，都是孩子们接触自然的有效途径。

此次采摘活动，孩子们在亲自采摘的过程中，不仅体验了合作的力量、劳动的快乐和收获的喜悦，也从播种到收获的过程中感受到生命与生长的奇妙，真正做到让教育回归生活。

（二）"探秘生活"的评价要求

"探秘生活"以环境创设对幼儿科学学习的效果为主要要求，进行评价（详见表4-4）。

表4-4　"探秘生活"评价表

年龄段		主题名称	
评价内容		幼儿参与度（积极、良好、一般）	
1. 参与观察探究活动的兴趣。			
2. 功能性满足幼儿年龄特点和需求。			

评价内容	幼儿参与度（积极、良好、一般）
3. 能根据观察结果提出问题，大胆猜想。	
4. 有初步的责任意识。	
5. 满足幼儿个体化的需求。	
综合评价：	

三、设计"探秘游戏"，满足幼儿个体化的学习

每个孩子生活经验的不同，生长发育的不同，年龄大小的不同，都直接影响其在课堂上学习的完整性，为了满足幼儿个别化的学习，我们开设了"探秘游戏"课程。

"探秘游戏"初期，每个班级的老师都会根据各班孩子的认知特点及年龄特点，创设区角环境，投放操作材料，下面以大班科学区创设为例。

案例 4－5

为了更好地给幼儿进行科学启蒙教育，让孩子亲近科学，喜欢科学，发现探索身边的科学现象，在玩玩、做做中体验成功与欢乐，感受科学的神奇，我们班布置了有关科学的环创，同时也开展了丰富多彩的科技活动。

班级门口科学实验展示窗口

班级内科技小制作展示　　　　　　　　　班级内科技小实验

　　幼儿的生活中处处有科学,科学教育一直是幼儿园教育的重要内容。因此,我们应创造良好的科学活动条件,激发幼儿的探索兴趣,促进幼儿主动探究的欲望,在他们心中种下一颗科学的种子。

（一）"探秘游戏"的内容与组织形式

　　"探秘游戏"是指在幼儿的区域游戏中,设置科学区,根据幼儿园的主题课程安排投放相应的科学材料,满足幼儿活动后个别化的学习,含有科学操作材料和数学操作材料,让幼儿在游戏中巩固学习,满足幼儿在活动中学习的缺失,促进幼儿和谐发展。

每周二、四下午是幼儿的游戏时间,教师会根据课程投放科学、数学材料,幼儿自选材料进行操作、游戏,教师观察幼儿的操作水平及发展水平,适时给予指导。

案例 4-6

区角活动观察记录表

观察对象	科学区幼儿	性别	男/女	年龄	4 岁
观察时间	2021.10.12		观察区角	科学区	
班级	小一班		记录教师	李敏睿	
观察目的	1. 探索不同的纸放在水里会有什么变化。 2. 对科学区的活动感兴趣。				
观察情况记录	最近,我在科学区中投放了各种各样的纸和一盆水,让孩子们自己玩。他们有的折纸,有的把纸放在盆里玩,放进盆里的纸湿了一张又一张,孩子们玩了一会儿就没有兴趣了。在今天的游戏中,我给小朋友出了一个问题,不同的纸放在水里会怎么样呢? 小朋友专心地操作起来。我发现通过第一轮的操作,幼儿对每种纸的吸水性能都有了感性的认识,知道餐巾纸的吸水性最强。可是过了新鲜劲后,幼儿操作活动的兴趣已不高。于是,我自言自语地说:"怎样改变餐巾纸的吸水性能,让它慢慢地沉下去呢?"并装模作样地拿了一张餐巾纸在水面上摆动了几下,幼儿的活动兴趣再次被激活,他们通过不断尝试,想出了许多办法,有的将餐巾纸叠成双层;有的将纸折成小船;有的将餐巾纸放在牛皮纸的上面;有的将挂历纸折成小船,餐巾纸放在小船里。一个小小的问题,为幼儿创造了一种激励创造性思维的适宜气氛。通过孩子的努力,一个个新奇的方案产生了,他们在创造的过程中体验了创造的乐趣,游戏结束后,他们还在思考新的方法呢。				
分析评价	幼儿表现	一开始幼儿并没有表现出积极的探索欲,仅仅只是利用纸张原本的作用进行活动,例如:折纸等。			
	操作材料	不同类型的纸张(如:折纸、报纸、餐巾纸、卡纸 A4 纸、亮片纸等)。			

支持策略	幼儿	对幼儿进行抛砖引玉的提问后,幼儿的科学探索精神被激发,开始进行不同的尝试,后续我又对纸张的探索进行更深的点拨,幼儿进行了更加深入的尝试。
	材料	不同类型的纸张(如:折纸、报纸、餐巾纸、卡纸 A4 纸、亮片纸等),及时为幼儿更新不同的纸张类型。
效果反思		在幼儿心目中,科学不是那么高不可攀,科学就是他们的生活本身,是他们的每一个行动本身。正因为幼儿科学有其自身的独特性,我们要解放幼儿的手脚,让他们在操作中发现问题,并发现解决问题的方法。我们更应该从观察、了解到理解孩子,在真正的师幼互动中促进幼儿的发展。

（二）“探秘游戏”的评价要求

“探秘游戏”的评价主要通过老师对幼儿游戏时的观察进行记录、分析、评价,并根据幼儿的兴趣和遇到的问题,及时调整投放材料。教师以观察者的身份对幼儿和材料进行评价(详见表4-5)。

表4-5 “探秘游戏”评价表

观察时间		观察对象	
观察记录			
材料分析			
教师评价			

四、打造“探秘社团”,激发幼儿探究欲望

“探秘社团”利用每周固定的时间,在不同的年龄段班级分段展开有主题的社团活动。在活动中,教师的主要工作是关注幼儿的自主意识、合作意识、探究意识的培养,引导幼儿发现生活中出现的问题,并利用科学的手段解决这一问题,从而开启幼儿的探秘之旅。

（一）“探秘社团”的内容与组织形式

“探秘社团”根据内容的不同,分为“小发明社团”和“快乐数学社团”。

小发明社团：主要是利用科学发现室,制作一些生活中的小实验,发现孩子

的"哇"时刻,让孩子们在实验的过程中感受科学的神奇。

快乐数学社团:利用区域游戏时间,针对幼儿的年龄特点以及其需要掌握的数学知识水平,以游戏的形式,帮助幼儿解决生活中的一些问题,发现数学的有用和有趣。

(二)"探秘社团"的评价要求

"探秘社团"的评价方式采用了在活动中的过程性评价,从幼儿的参与度、操作度、创造度出发,针对幼儿对环境和事物的理解以及思维方式进行积极正面性评价(详见表4-6)。

表4-6 "探秘社团"评价表

评价内容	评价标准	评价等级		
		优秀	良好	一般
活动主题	1. 活动主题生动有趣,幼儿乐于参与。			
	2. 活动主题有实际的教育意义。			
	3. 活动主题有审美性,能够陶冶幼儿情操。			
活动内容	1. 内容来源于生活,丰富有趣。			
	2. 选择的内容具有可操作性。			
	3. 内容具有创新性。			
活动组织	1. 组织计划具有周密性。			
	2. 组织形式多样。			
	3. 有责任分工,安全措施到位。			
活动效果	1. 幼儿参与的积极性高。			
	2. 能够达到一定的学习效果。			
	3. 幼儿在过程中快乐参与。			
总评				
建议				

五、举行"探秘科技节",开启创造之旅

科技是需要不断创新的,为了提高幼儿的科学素养和实践能力,激发师生爱科学、讲科学、用科学的热情,设立了"探秘科技节"的活动。

（一）"探秘科技节"的活动设计

"探秘科技节"由教师和幼儿共同参与完成，每学期举办一次，教师会以"科学小制作"为主题来参与活动，幼儿则以"科幻画创作"为主题来参与活动，以展台的活动形式开展，在宣扬科技创新的基础上，增进师幼互动，为教师和幼儿搭建良好的沟通平台。

科学小制作：教师以班级为单位进行寓教于乐的科学小制作，参与评比活动，每班选出一名幼儿来当评委，幼儿选择自己最喜欢的科学小制作进行现场投票，每个幼儿投票选出自己最喜欢的 3 个作品，根据投票结果，评选出"最佳科技制作奖"。

科幻画创作：幼儿自愿报名参与，以水粉、油画棒、废旧材料等多种元素进行科幻主题的绘画比赛，教师作为评委，评选出"最佳科技绘画奖"。下面以科技节为例进行介绍。

案例 4-7   **"探秘科技节"活动方案**

一、指导思想

我们生活、学习的环境中处处有科学，时时在使用科学。《指南》提出："幼儿的科学学习是在探究具体事物和解决实际问题中，尝试发现事物之间的异同和联系的过程。"幼儿科学学习的核心是激发探究能力，体验探究过程。因此，大型活动的开展一定要关注幼儿的学习特点。基于以上认识，为推进幼儿园科学启蒙教育，提高幼儿学习科学知识的热情，此次"探秘科技节"以科学发展观为统领，以普及科学知识、倡导科学方法、传播科学思想、弘扬科学精神为重点，通过科技画、科学展台、科学小实验、科技小制作、科技服饰秀等系列活动，引导幼儿主动寻找生活中的科学，了解科学小知识，让幼儿在实际生活中探究和学习，并为家长提供一个了解幼儿园科技教育开展的平台，使他们共同参与幼儿园的科技活动。

二、活动目标

1. 引导幼儿参加各种形式的科技活动，让他们感受科学的有趣和神奇，大胆地操作和探索，学习用较清楚的语言、简单图表等方式来说明自己的认识与发现，并初步了解科技与人们生活的关系，从而萌发爱科学的情感。

2. 引导幼儿通过体验、探究认识周围事物与现象，增强学习科学的兴趣，提升学习科学的能力。

3. 充分利用社区、家长资源，增进家长对幼儿科学教育的认识，同时让家长通过参与活动了解幼儿园的课程理念，提升科学育儿经验。

三、活动内容

（一）签名打卡墙

"签名墙"是本次"探秘科技节"的启动仪式，通过签名向幼儿和家长宣布此次科技节正式开始，幼儿可以在"我是宇航员"打卡处拍照并领取"探秘科技节游戏卡"，来开启有趣的科技之旅。

（二）科技展板

科技展板是"探秘科技节"的第一站，帮助幼儿了解此次科技节的主要内容，激发幼儿参与科技节的兴趣。

（三）科技画

科技画展出了幼儿的系列科学美术作品，展示幼儿用手中的笔描绘的科学幻想世界。

（四）科技展台

科技展台主要分为了四个板块：现代科技、生命科学、恐龙世界、宇宙探索。

（五）科学小实验

科学小实验处一共分布了六个实验，分别是：细菌不见了、压强小喷泉、复活毛毛虫、牛奶动画、飞驰的纸船、无字天书。每一个小实验处都有一个小小讲解员，并且准备了充分的操作材料，供幼儿动手操作。

（六）亲子科技小制作

幼儿在家长的带动下，讨论制作方案、收集材料并开始制作，每个班级都有一个小展台用来展示作品。

（七）科学小游戏

以班级为场地开放了六个科学小游戏，幼儿可以逐个打卡。

（八）科技服饰秀

幼儿身穿废旧材料做成的科技服装进行走秀活动。

四、活动总结

　　为了更好落实幼儿园的科学教育课程，深化园本文化，更为了孩子们亲近科学、喜欢科学、走进快乐的科技世界，向家长宣传科学教育对孩子发展的重要性，我们举行了此次"探秘科技节"。活动力求通过游戏卡、科技画、科学实验、科技制作等一系列活动，让幼儿更主动地、让家长更清晰地了解我们科技节活动的目的，积极参与到我们的活动中来。

　　此次科技节活动的开展，激发了幼儿参与科学实践探究活动的兴趣，提高了幼儿的科学文化素养，并且极大地浓厚了我园的科技氛围。

（二）"探秘科技节"的评价要求

活动为教师和幼儿设立"最佳科技奖"。教师的"科学小制作"评比活动由幼儿进行参观、投票,评选出最受欢迎的科学小制作,幼儿园为参赛教师设立奖项。而幼儿的"科幻画创作"则由教师进行参观、投票(详见表4-7)。

表4-7 "探秘科技节"评价表

编号	投票	编号	投票	编号	投票
1		7		13	
2		8		14	
3		9		15	
4		10		16	
5		11		17	
6		12		18	
说明:请在你最喜欢的一个作品编号后面打"√",多选无效。					

总之,"探秘科学"课程旨在为幼儿创设最佳的科学学习环境,保护幼儿的好奇心,引领幼儿去探索科学世界的奥秘,为幼儿科学领域的后继学习和终身发展奠定良好的基础。具体来说,我们的"探秘科学"课程建设成效如下:

第一,幼儿更加喜欢亲近自然,喜欢探究身边的人、事、物。大自然就像是一本百科全书,蕴藏着数不清的秘密,等待我们去发现。我们会在春暖花开的时候,引导幼儿观察春天的花;我们会在炎炎夏日带孩子一起探寻"水宝宝"的秘密;我们会在硕果累累的秋天收集多彩的落叶;我们会在寒冷的冬天了解动物怎样过冬。在不同的季节,我们会开展相应的课程,创造机会让幼儿多走进自然,了解自然。例如在《你好,春天》班本课程中,幼儿园的一草一木都成为了幼儿在探究中寻找大自然秘密的课堂。小班的幼儿会用多种感官或动作去探索物体,他们更关注动作产生的结果,也能注意并发现周围的动植物是多种多样的。中大班的幼儿对自己感兴趣的问题要刨根问底,能通过简单的调查收集信息,还会用一定的方法验证自己的猜测，并且能用数字、图画、图表或其他符号记录。在这种充满支持和鼓励的课堂中，幼儿的活动兴趣浓厚，能积极参与活动，在活动中能表现出一定的探索精神，有自主学习、小组交流、合作学习的意识，每个幼儿都有不同程度的收获。

第二，幼儿已经具有初步的探究能力，能用适宜的方法探究和解决问题。我们会注重对幼儿探究能力的培养，坚持在玩中学、做中学的教育理念，通过直接感知、实际操作、亲身体验的方法，支持幼儿学习。为推进幼儿园科学启蒙教育，提高幼儿学习科学知识的热情，我园从环境到课堂向幼儿普及科学知识、传播科学思想、弘扬科学精神，并参与了郑州市重点课题的研究，所研究的课题《幼儿园科学实践课程创生的实践研究》取得了郑州市一等奖的优异成绩。"快乐数学"课程的开展，通过系统性的知识架构，整体提高了幼儿的数学知识关键经验，并科学地做好与小学数学领域的衔接，经过统计调查，80%的幼儿可以轻松适应小学数学知识的学习。

第三，幼儿学会了在探索中认识周围的事物和现象，并能用所学到的知识解决生活中的问题。在"探秘科学"课程的学习下，孩子们乐于探索，喜欢探究，在幼儿园阶段养成了良好的学习方法和能力。幼儿善于发现问题，并能用各种途径去解决问题，例如用分类的方法整理玩具，用统计的方法收集结果，用观察的方法记录植物角的植物生长规律。在这里，孩子们眼里有光，充满好奇，敢于创新，也为其他领域的学习奠定了良好的基础。

撰稿者：慎丽

（本章中照片由幼儿园提供）

第五章
趣美艺术：让儿童感受生活的美好

　　每一个生命存在，都应该重视日常生活的审美与艺术生活的审美，这就要求人的生命活动不能过于拘谨，对于儿童来说，就是使其多参与游戏活动。儿童富有想象力与创造力，想象力比知识更重要，因为知识是有限的，而想象概括了世界上的一切。想象力和创造力都是学习品质的重要组成部分，而孩子们天生具有丰富的想象力和创造力。以儿童美育发展为核心，引导儿童学会发现与感受自然界与生活中美的事物，让儿童欣赏多种艺术形式和作品，萌发对美的感受和体验；鼓励和支持儿童自发的艺术表现和创造，培养初步的艺术表现能力与创造能力。

郑州市管城回族区回族幼儿园艺术领域学科教研组共有 17 名教师，均具有本科以上学历，平均年龄 27 岁。其中，有 19 名中级教师，1 名一级教师，3 名市级骨干教师。教研组的教师积极参加各类教学研究活动，在教学实践中关注幼儿的发展，鼓励和支持幼儿自发的艺术表现和创造，培养初步的艺术表现能力与创造能力。我们依据《3—6 岁儿童学习与发展指南》研制艺术领域课程群建设方案。为了进一步打造我园艺术启蒙特色，我们依据《3—6 岁儿童学习与发展指南》，推进艺术领域课程群建设，取得了圆满的效果。

第一节　孵化儿童与生俱来的美感

一、领域课程性质

《3—6岁儿童学习与发展指南》中指出："艺术是人类感受美、表现美和创造美的重要形式。"幼儿园艺术领域课程是以音乐、美术活动为主要教学活动，以培养幼儿的审美素养（包括审美感知、审美理解、审美想象、审美创造等）为主要目标，以促进幼儿身心和谐发展为最终归宿的一门综合性课程。根据幼儿发展的需要和特点，教研组对幼儿进行有目的、有计划、有组织的音乐和美术教育，帮助幼儿在艺术活动中建立以艺术创作为中心的审美心理结构，自然、适当地渗透初步的艺术欣赏和创造的内容。

幼儿艺术教育不是以培养艺术家为目的的专业艺术教育，而是为未来社会培养具有一定艺术和审美素养、具有创新意识和创造能力的公民的艺术素质教育。艺术领域课程以幼儿美育发展为核心，引导幼儿学会发现与感受自然界与生活中美的事物，让幼儿欣赏多种艺术形式和作品，萌发对美的感受和体验；鼓励和支持幼儿自发的艺术表现和创造，培养初步的艺术表现能力与创造能力。

二、领域课程理念

基于上述认识，我园艺术领域课程的理念定位为"趣美艺术"，其核心理念是"让儿童感受世界的美好"。我们努力为未来社会培养具有一定艺术和审美素养、具有创新意识和创造能力的公民。

《3—6岁儿童学习与发展指南》中指出："幼儿艺术领域学习的关键在于充分创造条件和机会，在大自然和社会文化中萌发幼儿对美的感受和体验，丰富其想象力和创造力。"我们认为，幼儿感受的过程应该是有趣的、体验的、灵动的。教师应当鼓励幼儿敢于在艺术活动中表达自己的独特认识和感受，提供机会让幼儿进行分享、交流，并对幼儿的艺术表现给予充分的理解，只有这样幼儿才能体验自由表达和创造的快乐。

"趣美艺术"是唤醒的艺术。每个幼儿都有艺术创作的潜能。"趣美艺术"旨在为幼儿提供审美情感色彩的一日生活环境,在体验中唤醒幼儿对美好事物的感知,激发欣赏的兴趣和进行艺术创作的动机。

"趣美艺术"是体验的艺术。艺术表现是内在于儿童生命的,因此,体验性与表现性是儿童艺术的特点,只有在真实情景中感知真实事物,并由此积累起丰富的感知经验,才有助于幼儿进行艺术创作,从而提高艺术表现力。因此,幼儿艺术教育应该为幼儿提供充分的体验机会。

"趣美艺术"是灵动的艺术。是以启发幼儿创造能力为核心,遵循幼儿特点,顺应天性的教育。倡导幼儿用自己创造的艺术作品来表达思想情感,美化生活,通过对艺术的参与形式体现对艺术活动的热爱的态度。

总之,"趣美艺术"课程遵循幼儿的身心发展规律,助力幼儿发现美、欣赏美、感受美、体验美、表现美和创造美,提高幼儿精神生命和生活活动的品位和层次。

第二节 尊重儿童本源的艺术表现

《3—6岁儿童学习与发展指南》中指出："艺术领域学习的关键在于充分创造条件和机会，在大自然和社会文化生活中萌发幼儿对美的感受和体验，丰富其想象力和创造力，引导幼儿学会用心灵去感受和发现美，用自己的方式去表现和创造美。"

一、领域课程总体目标

为了促进幼儿综合艺术素养的发展，幼儿园根据幼儿身心发展的特点，设计了"趣美艺术"。其目的在于使幼儿在大自然和社会文化生活中萌发对美的感受和体验，丰富想象力和创造力，用心去感受美和创造美，从而用自己的方式去表现和创造美。根据幼儿园艺术领域的育人目标，幼儿园设计了"趣美艺术"的总目标：喜欢自然界与生活中美的事物；喜欢欣赏多种多样的艺术形式和作品；喜欢进行艺术活动并大胆表现；具有初步的艺术表现与创造能力。

二、艺术领域课程年段目标

《3—6岁儿童学习与发展指南》中指出："幼儿的发展是一个持续、渐进的过程，同时也表现出一定的阶段性特征。"幼儿园艺术领域课程群又分为音乐与美术两部分，根据幼儿不同年龄段发展的要求，幼儿园设置了"趣美艺术"的各年龄段目标（详见表5-1）。

表5-1 "趣美艺术"领域课程群年龄段目标

年龄段	音　　乐	美　　术
小班	共同目标： 1. 容易被自然界中的鸟鸣、风声、雨声等好听的声音吸引，有驻足聆听的倾向。	共同目标： 1. 喜欢观看花草树木、日月星辰等大自然中美的事物。

年龄段	音 乐	美 术
	2. 喜欢听音乐或观看舞蹈、戏剧等表演。经常自哼自唱或模仿有趣的动作、表情和声调。 3. 能模仿学唱短小歌曲。能跟随熟悉的音乐做身体动作。 4. 能用声音、动作、姿态模拟自然界的事物和生活场景。 园本目标： 1. 能用歌声和简单的动作表现自己对歌曲或乐曲内容、情感的理解和感受。 2. 愿意敲击易于操作的三至四种打击乐器，学习正确使用乐器的方法和取放乐器的常规。 3. 能感受简单的音乐作品，初步理解其内容和情感，尝试用简单的动作、语言等表达自己的感受。	2. 乐于观看绘画、泥塑或其他艺术形式的作品。 3. 经常涂涂画画、粘粘贴贴并乐在其中。 4. 能用简单的线条和色彩大体画出自己想画的人或事物。 园本目标： 1. 愿意参加美术活动，能大胆运用色彩以及点、线等简单手段表现熟悉事物的简单形象，感受参加美术活动的快乐，有成就感和自信心。 2. 对手工活动感兴趣，喜欢操作几种工具和材料表现事物的明显特征，体验美术活动的兴趣。 3. 初步感受和体验作品中美的形象。
中班	共同目标： 1. 喜欢倾听各种好听的声音，感知声音的高低、长短、强弱等变化。 2. 能够专心地观看自己喜欢的文艺演出，有模仿和参与的愿望。 3. 经常唱唱跳跳，愿意参加歌唱、律动、舞蹈、表演等活动。 4. 能用自然的、音量适中的声音基本准确地唱歌。 5. 能通过即兴哼唱、即兴表演或给熟悉的歌曲编词来表达自己的心情。能用拍手、踏脚等身体动作或可敲击的物品敲打节拍和基本节奏。 园本目标： 1. 愿意参加各种音乐活动并从中获得愉悦和美感。	共同目标： 1. 在欣赏自然界和生活环境中美的事物时，关注其色彩、形态等特征。 2. 欣赏艺术作品时会产生相应的联想和情绪反应。 3. 经常用绘画、捏泥、手工制作等多种方式表现自己的所见所想。 4. 能运用绘画、手工制作等表现自己观察到或想象的事物。 园本目标： 1. 能感受生活、环境和美术作品中的美好事物。 2. 对美术活动感兴趣，愿意主动参与，在美术活动中获得愉快、丰富的情绪体验。

年龄段	音　　乐	美　　术
	2. 在体验和操作中感知并比较各种乐器音色的不同,初步养成正确使用乐器、有序收放乐器的习惯。	3. 能用自己喜欢的图形、颜色和线条表现多种事物,学画简单的情节画。
大班	共同目标: 1. 乐于模仿自然界和生活环境中有特点的声音,并产生相应的联想。 2. 艺术欣赏时常常用表演、动作、语言等方式表达自己的理解。 3. 能用基本准确的节奏和音调唱歌。能用律动或简单的舞蹈动作表现自己的情绪或自然界的情景。 4. 积极参加艺术活动,能在活动中与他人相互配合,也能独立表现。 园本目标: 1. 能积极主动地参加各种音乐活动,在活动中获得美的感受,增强自信。 2. 尝试用歌声比较恰当地表现不同性质歌曲的情绪情感,提高用嗓音进行艺术表现的能力。 3. 在感受音乐的基础上,尝试用身体动作、打击乐器等创造性地表现对音乐作品的理解。具有初步的协调、配合能力,体验与同伴配合、合作的乐趣。	共同目标: 1. 乐于收集美的物品或向别人介绍所发现的美的事物。 2. 愿意和别人分享、交流自己喜爱的艺术作品和美感体验。 3. 能用多种工具、材料或不同的表现手法表达自己的感受和想象。 园本目标: 1. 能积极主动地参加各种美术活动,并在活动中获得美感和积极的情绪体验。 2. 能选择适宜的美术表现方式,独立地表达自己的经验和情感。 3. 喜欢自然风景、节日景色、人文景观和中外美术作品,能初步感受、欣赏其中的美。

第三节　点燃儿童无限的艺术想象

　　"趣美艺术"框架的设置基于"童味园"课程的理念，教师从不同角度出发，构建出"趣美艺术"框架。课程旨在顺应幼儿发展的特点，寓教育于美的享受之中，始终把对幼儿的个性、情感的尊重放在首位，强调在幼儿精神获得满足和愉悦的同时，培养幼儿对美的感受能力，提高他们的审美情趣，以形成完整和谐发展的人格为终极目标。

一、领域课程结构

　　依据《3—6 岁儿童学习与发展指南》艺术领域中的教育建议："创造机会和条件，支持幼儿自发的艺术表现和创造""支持幼儿进行自主绘画、手工、歌唱、表演等艺术活动""经常和幼儿一起唱歌、表演、绘画、制作，共同分享艺术活动的乐趣"，"趣美艺术"结合幼儿园的课程资源情况，本着以幼儿为本的原则，将课程具体分为了"趣歌唱""趣手工""趣绘画""趣乐器""趣韵律"五大部分（详见图 5 - 1）。

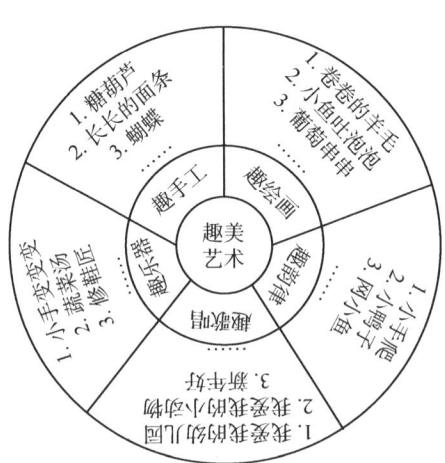

图 5 - 1　"趣美艺术"课程群结构图

上图中,各个板块课程内容如下:

趣歌唱:课程内容以幼儿的歌唱活动为主,加上中外乐曲的欣赏,以及民族地方特色的音乐,使幼儿能用歌唱表达自己的情感,初步掌握歌唱的技能技巧,提升运用嗓音进行艺术表现的能力。

图 5-2 "趣歌唱"活动展示

趣手工:内容包含纸艺类、泥塑类、编织类、创意材料类四大类内容,在课程中鼓励幼儿探索材料,通过研究操作方法体验材料特征;锻炼精细操作,培养理性思维;促进手眼协调能力发展,训练立体塑造能力。

图 5-3 "趣手工"活动展示

趣绘画:以培养美感为主,以中外历史优秀艺术作品欣赏为辅,帮助幼儿提升美的体验。使幼儿在绘画活动中,增加对世界的认识,提升艺术的兴趣,提高观察能力。

图 5-4 "趣绘画"活动展示

趣乐器:为乐器演奏活动,包含奏乐、欣赏等内容。通过教学活动,培养幼儿乐于使用各种乐器表现音乐;掌握一定的打击乐知识和技能,提高音乐表现能力;在乐器演奏活动中提高音乐感受力和节奏感。

图 5-5 "趣乐器"活动展示

趣韵律:主要内容有音乐律动和舞蹈。其中舞蹈又分为幼儿舞蹈及优秀舞蹈作品欣赏等。通过韵律活动的组织与实施,发展幼儿身体动作的协调性和创造性;理解音乐、道具使用在韵律活动中的作用;并在与他人合作的动作表演活动中获得交往、合作的快乐。

图 5-6 "趣韵律"活动展示

二、艺术领域课程设置

针对本园各年龄段幼儿发展的特点,将"趣美艺术"领域课程群具体内容进行划分(详见表 5-2)。

表 5-2 "趣美艺术"特色课程设置表

年龄段	学期	趣歌唱	趣手工	趣绘画	趣乐器	趣律动
小班	上学期	共同课程: 1. 我爱我的幼儿园 2. 我爱我的小动物 3. 新年好 4. 甜蜜火车 …… 园本课程: 1. 走路 2. 找小猫 3. 打电话 4. 小小蛋儿把门开 ……	共同课程: 1. 蝴蝶 2. 瓢虫 3. 糖葫芦 4. 长长的 …… 园本课程: 1. 面条 2. 棒棒糖 3. 水果娃娃 ……	共同课程: 1. 卷卷的羊毛 2. 小鱼吐泡泡 3. 葡萄串串 4. 甜甜的糖豆 …… 园本课程: 1. 梅花朵朵 2. 染纸 3. 大狮子的头发 4. 美味的汉堡 5. 一碗面条 ……	共同课程: 1. 小手变变变 2. 蔬菜汤 3. 修鞋匠 …… 园本课程: 1. 过新年 2. 小动物乐队 3. 元旦 ……	共同课程: 1. 小手爬 2. 小鸭子 3. 网小鱼 …… 园本课程: 1. 找朋友 2. 小跳蚤 3. 大野狼 ……
	下学期	共同课程: 1. 春天	共同课程: 1. 派大星	共同课程: 1. 柳树	共同课程: 1. 新年好	共同课程: 1. 猴子爬树

年龄段	学期	趣歌唱	趣手工	趣绘画	趣乐器	趣律动
		2. 我家有几口 3. 白胖鸭 …… 园本课程： 1. 好娃娃 2. 两只老虎 ……	2. 小船 3. 饼干 …… 园本课程： 1. 糖果罐子 2. 花园 ……	2. 西瓜 3. 花瓶 …… 园本课程： 1. 七彩太阳 2. 设计糖纸 ……	2. 大雨和小雨 3. 两只老虎 …… 园本课程： 1. 哈巴狗 2. 沙沙沙 ……	2. 大象和小蚊子 3. 牙刷火车 …… 园本课程： 1. 赶走小怪兽 2. 好饿的毛毛虫 ……
中班	上学期	共同课程： 1. 懒惰虫 2. 扮家家 3. 月亮婆婆喜欢 4. 我 …… 园本课程： 1. 小茶壶 2. 拍手笑呵呵 3. 郊游 ……	共同课程： 1. 笔筒 2. 葡萄 3. 鞭炮 …… 园本课程： 1. 秋天的树 2. 树叶照片 ……	共同课程： 1. 车轮滚滚 2. 漂亮的毛衣 3. 脚印 …… 园本课程： 1. 笑得露出牙齿的脸 2. 黑白鸟 3. 我设计的围巾 ……	共同课程： 1. 爷爷为我打月饼 2. 库企企 3. 爆米花 …… 园本课程： 1. 小金鱼 2. 啦啦啦 ……	共同课程： 1. 谁是小熊 2. 鸭子上轿 3. 捉螃蟹 …… 园本课程： 1. 卷炮仗 2. 过小桥 3. 小熊吃蜂蜜 ……
	下学期	共同课程： 1. 胡说歌 2. 勤快人和懒惰人 3. 迷路的小花鸭 …… 园本课程： 1. 好妈妈 2. 我家小宝贝 3. 种瓜 4. 白杨树 ……	共同课程： 1. 种子粘贴画 2. 做月饼 3. 贺年卡 …… 园本课程： 1. 送给弟弟妹妹的太阳帽 2. 燕子来了 3. 看春花 ……	共同课程： 1. 运动的人 2. 我的脸 3. 漂亮的蝴蝶 4. 风筝 …… 园本课程： 1. 水果 2. 蚂蚁运粮 3. 桃花朵朵开 ……	共同课程： 1. 郊游 2. 小红帽 3. 荷包蛋 …… 园本课程： 1. 加油干 2. 小青蛙找家 3. 森林里真热闹 ……	共同课程： 1. 小雨和花 2. 伙伴舞 3. 赶花会 …… 园本课程： 1. 桃花朵朵开 2. 毛毛虫变蝴蝶 3. 蛋糕和蜡烛 ……

年龄段	学期	趣歌唱	趣手工	趣绘画	趣乐器	趣律动
大班	上学期	共同课程： 1. 拉勾勾 2. 礼貌歌 3. 幸福拍手歌 4. 国旗多美丽 …… 园本课程： 1. 羞答答 2. 小熊过桥 3. 长大要当解放军 ……	共同课程： 1. 花篮 2. 脸谱 3. 青花瓷瓶 4. 染纸 …… 园本课程： 1. 拨浪鼓 2. 快乐的国庆节 3. 菊花 4. 我的飞船 ……	共同课程： 1. 柿子红了 2. 银杏树 3. 少数民族服饰 4. 静物：水果 …… 园本课程： 1. 农民画 2. 广场上的人群 3. 我在荡秋千 ……	共同课程： 1. 拔根芦柴花 2. 木瓜恰恰恰 3. 大中国 …… 园本课程： 1. 赛马 2. 水仙花圆舞曲 3. 猫虎歌 ……	共同课程： 1. 熊与石头人 2. 切西瓜 3. 炒豆豆 4. 北京的金山上 …… 园本课程： 1. 狐狸捉小鸡 2. 欢乐舞 3. 逛公园 ……
	下学期	共同课程： 1. 小狗抬花轿 2. 买菜 3. 小鱼的梦 4. 柳树姑娘 …… 园本课程： 1. 大树妈妈 2. 小青蛙 3. 不再麻烦好妈妈 4. 泥娃娃 ……	共同课程： 1. 鲤鱼 2. 汽车 3. 我喜欢的园内一角 4. 我爱北京天安门 …… 园本课程： 1. 放风筝 2. 全家福 3. 毕业相框 4. 毕业纪念册 ……	共同课程： 1. 过大年 2. 我班的种植地 3. 盛开的油菜花 4. 我是值日生 …… 园本课程： 1. 母鸡和小鸡 2. 快乐的游戏 3. 我的舞台 4. 我爱运动 5. 我长大了做什么 ……	共同课程： 1. 花好月圆 2. 欢乐的鼓 3. 杂技表演 …… 园本课程： 1. 恰恰恰 2. 小鼓手 3. 瑶族舞曲 4. 大家一起跳起来 ……	共同课程： 1. 包饺子 2. 快乐的圈圈 3. 三只小猪 …… 园本课程： 1. 男儿当自强 2. 狡猾的狐狸在哪里 3. 猜猜谁在叫 ……

  幼儿园课程内容应该是生活性和浅显性皆备，课程内容与现实生活的距离越近，越能引发幼儿们的学习兴趣，他们的学习也就越有效，而且这些内容不应是以知识的逻辑组织起来的严格的学科，而是以生活的逻辑组织起来的多样化、感性

化和趣味化的活动。这将如何开展呢？

检验一个课程是否科学和有效，实施细节决定一切。下文举例说明。

案例 5-1 　　　　　**班本课程：夏之荷**

一、课程缘起

幼儿在区角活动期间，吴阅恒和几个小朋友来到植物角，带着纸、笔、尺子等材料在测量，几个人忙活着自己的事情，买萌玥看到植物角旁边的小装饰盒里有干的植物，就拿起来问吴阅恒："这是荷花吗，怎么长这个样子？"吴阅恒回答说："这是干的莲蓬，我在家吃莲子的时候见过。""莲花和莲蓬是一样的么？"……看到孩子们对环创中的一种材料产生了兴趣，我决定抓住这个教育契机，利用环创的材料，开展与"荷"有关的活动。

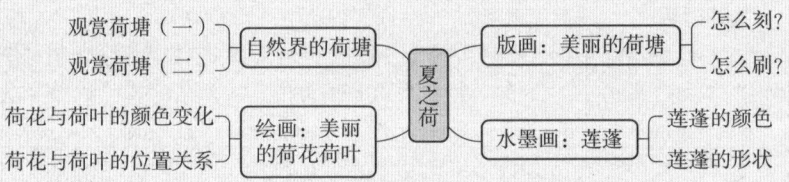

理论支持：《指南》指出，幼儿对事物的感受和理解不同于成人，他们表达自己认识和情感的方式有别于成人。幼儿独特的笔触、动作和语言往往蕴含着丰富的想象和情感，成人应对幼儿的艺术表现给予充分的理解和尊重。

二、课程实施

（一）自然界的荷塘（关键经验：社会情感）

1. 观赏荷塘（一）

郑州市有大大小小的、具有不同特色的公园，很多公园里都有池塘，还养殖有植物和小动物，孩子们对于荷花、荷叶并不陌生。"荷花是粉色的""荷花还有红色的""荷叶是椭圆形，上边还有一根根条纹"，正值夏季，公园里的荷花、荷叶竞相开放，趁着假日，家人带着孩子们出行游玩的时候可以欣赏一下池塘的景色，关注一下荷花、荷叶的生长状况。

2. 观赏荷塘(二)

随着时间的车轮不断推移,荷花、荷叶逐渐枯萎,呈现出干枯的自然生命状态,"你看我拍的图片,荷叶干了,变黄色了!""我拍的还有一些绿色,干了以后也挺好看的。""花瓣掉了,花瓣掉了,莲子露出来了。"孩子们进行了一些讨论,家长提前将关于荷花荷叶的知识传递给孩子,如荷花的茎有像刺一样的东西,孩子们在班里讨论得非常激烈。

幼儿的经验与学习:选取的是生活环境中常见的对象,荷塘边缘部分通常都是泥泞的,虽然孩子们不能非常近距离地观看,但是站在远处,还是可以比较清晰地观察到荷叶、荷花的大致形状、纹路、颜色等。除此之外,在活动的时候还能增加亲子关系,让幼儿体会陪伴的温暖。

教师的思考与支持:美来源于生活,生活中的美才是最自然、最贴近生活的美,风声、雨声、电闪雷鸣等都是自然界带给人类的礼物,幼儿在自然界中感受、体验,常会感受到惊喜。

(二)绘画:美丽的荷花荷叶(关键经验:表现与创造)

1. 荷花与荷叶的颜色变化

孩子们在欣赏身边的池塘之后,对荷花、荷叶有了一定的了解,我们利用空余时间,让孩子分成小组进行讨论,"我看到的荷叶是绿色的。""我看到的荷叶是深绿色的。""我还看到了花,有的是红色的。""好像不全是红色的,还有一点粉色。""还有黄色的,你看这样也很好看的!"在绘画时整个班里氛围是很活跃的,大家一边讨论,一边创作。

2. 荷花与荷叶的位置关系

"离我比较近的花比远处的花大。""有的开花了,有的没开花呢!""在前面的大一点,在后面的小一点。"幼儿认真观察带来的图片之后,了解到了近大远小的关系,在绘画的过程中开始注意事物之间的比例关系。

幼儿的经验与学习:大班幼儿有一定的语言表达能力,大多数幼儿能够比较清晰地说出自己的发现,同时该活动对幼儿的有意注意也是一种培养。

教师的思考与支持:《指南》中指出,艺术是人类感受美、表现美、创造美的重要形式,也是表达自己对周围世界的认识和情绪态度的独特方式。幼儿在感受之后再去表达,使幼儿的表达是有基础的。

(三)版画:美丽的荷塘(关键经验:表现与创造)

1. 怎么刻?

观察并画过池塘的景色之后,我们再次请家长们带孩子去观察池塘,但是这个时节荷花荷叶的生长和之前是差不多的。有一次我们去陶艺室参加活动,有的孩子看到展览架上展出了各种版画,于是提出:"这个很像是荷花。""是的是的,和之前老师带我们画的荷花很像。""它只是像,好像不太一样。"观察到幼儿的兴趣点,于是我们开展了版画活动,让孩子们感受一下中国传统的艺术。这次活动开始之前我们提前练习使用竹签、小木棍等材料画池塘,先对材料进行熟悉和了解,并引导幼儿了解刻的时候要有深度,还有宽度。

2. 怎么刷?

活动中的难度在于刻画材料的使用,刻在板子上的深度、宽度,刷颜料,最后印。"要多刷些颜料。""颜料最好能掉进缝里面。""揭的时候要轻轻地呀,可不能太快了!"孩子们在画、印等过程中锻炼了手部、肘部等小肌肉的力量。

幼儿的经验与学习:幼儿在陶艺室观察到之前画过的荷花,感受到艺术形式是不一样的,注意到了不同事物之间的相似之处,在本次活动中体会到新的艺术表现形式,在感受和表达的过程中有了新的感触。

教师的思考与支持:教师时刻关注幼儿兴趣点的出现和转移,当发现幼儿的兴趣点,并挖掘出背后的意义和价值之后进行了思考,在有限的条件下带领幼儿一起尝试之前未经历过的艺术形式,对幼儿和教师来说都是一种收获。

(四)水墨画:莲蓬(关键经验:表现与创造)

1. 莲蓬的颜色

幼儿这次带回来的每一张图都是不一样的,荷花荷叶的每一个生长状态也是不大相同的。"我看到的荷花,已经没有花了,花瓣都掉进水里了。""我看到的也是枯萎的,枝已经干了,快断了但是还没断。""我这个枝条也干了,但还是仰着头。""它们都没绿色了,是灰色。""灰色有一点黑色。""对对,我看着像是咖啡一样的颜色,有的叶子还是有一点点绿色。"幼儿进行了比较细致地描述。

2. 莲蓬的形状

"莲蓬的颜色好难画呀!""老师说可以用墨汁,我们试试呀,看是不是相同的颜色。""拿毛笔的时候慢一点,轻轻地刷。"学习和了解画法以后我们一起利用毛笔、水墨等材料绘画出低垂、高扬等不同状态的干枯的莲蓬。

幼儿的经验与学习:幼儿观察到的是荷塘里最自然的生长状态,基于之前几次的观察,幼儿对荷花荷叶有了更深层次的认识。基于颜色的变化,幼儿在这次活动中又学习了水墨画的方法。

教师的思考与支持:幼儿的讨论是基于多次观察的结果,有前因才有后果,在表现和创造的时候,幼儿不仅仅在绘画技能上得到提高,自己对生命也有了更深的感知和体会。

后记

最后一次水墨画活动之后,有的孩子说"莲蓬都已经干,后面是不是会掉入水里,成为种子,明年是不是还能长出来?""莲蓬里边的莲子能吃,可能是被吃掉了。""我吃过的莲藕和莲蓬有关系吗?"……孩子们的想法是不是真实存在的呢,我们将继续研究,《夏之荷》未完待续……

环创是幼儿园课程的一部分,身边的环境会不知不觉地吸引幼儿的注意,并对幼儿产生深远的影响。本次班本故事就发生于幼儿在区角活动的时候,看到的一个小小的、干干的、没有莲子的莲蓬。莲蓬吸引了幼儿的注意力,引发了幼儿之间的激烈讨论,在讨论的过程中,幼儿对莲蓬的讨论话题也变得更广泛。结合当下季节的特点,我们顺利地开展了一系列的活动。《指南》中指出,幼儿的学习是在游戏和日常生活中进行的,要珍视游戏和生活的独特价值。抓住幼儿的关注点和当下的环境特点,通过一系列的观察和探索,培养幼儿的有意注意和对生命的了解。只有了解了生命的变化,我们才能更加珍视和尊重自然界的生命。

第四节　激发儿童多形式的艺术创作

为达到"趣美艺术"的总体目标，贯彻"趣美艺术"的基础理念，落实课程体系内容，丰富幼儿的园所文化生活，发展幼儿的兴趣与特长，促进幼儿的全面发展，教研组通过多种课程组织形式相结合的方式，落实"趣美艺术"艺术领域课程群的实施。课程实施具体有"趣美课堂""趣美游戏""趣美生活""趣美乐园""趣美节日"五个途径。

一、构建"趣美课堂"，寓教于美

"趣美课堂"以已有课程为抓手，引领优质的教育资源，通过丰富优秀的课程将幼儿艺术教育系列化、常态化，使幼儿的艺术审美能力得到专业化的指导和提升。

（一）"趣美课堂"的内容与组织形式

"趣美课堂"是教师根据本园的课程资源库中艺术领域的教育教学内容，结合自己的教育教学经验，对活动采取游戏化、多样化的教学设计，引导幼儿感受美、发现美、创造美。

"趣美课堂"是走进幼儿内心的课堂。尊重幼儿的主体地位，创设生动有趣的教学情境，有效推进"趣美课堂"的构建与课程的实施。

"趣美课堂"是顺应发展的课堂，寓教于乐于美的享受之中，始终把对幼儿的个性、情感的尊重放在首位，提高幼儿的审美情趣。

"趣美课堂"是重视内在体验的课堂，把幼儿与审美对象所进行的平等对话放在首位，重视幼儿对审美对象的直接感知和体验。

"趣美课堂"是内容丰富的课堂，教师选择丰富的主题内容，把民间传统艺术等内容引进课堂，运用自己的情智，多角度、多样化地对其进行设计，丰富幼儿的艺术体验。

"趣美课堂"是尊重创造的课堂，关注艺术创造中幼儿的思维过程、艺术形式、语言使用过程，以及对艺术工具和材料探索；是让孩子在活动中真正参与，能够走进孩子内心的课堂。

中班艺术领域歌唱活动《如果我是一片云》

一、设计意图

《指南》艺术领域中指出:"4—5岁幼儿能通过即兴哼唱、即兴表演或给熟悉的歌曲编词来表达自己的心情。"于是我就有了这样的构思。我设计了音乐活动《如果我是一片云》,就是想让幼儿充分发挥他们的想象,让孩子们在构建图谱的游戏活动中,学唱歌曲;在闯关游戏中,仿编歌曲;让幼儿感受音乐仿编活动的快乐的同时,提高学习的积极性与参与性。

二、活动目标

1. 熟悉歌曲旋律,逐步构建小云朵出门旅行的歌词图谱,初步学唱歌曲。

2. 通过构建图谱、闯关游戏进一步巩固歌词,创编歌词并演唱。

3. 体验通过游戏来创编歌词的挑战和成就感。

三、活动准备

1. 经验准备:已学唱《问好歌》。

2. 物质准备:《如果我是一片云》图谱,闯关游戏图片,白云一朵。

四、活动重难点

1. 重点:熟悉歌曲旋律,逐步构建小云朵出门旅行的图谱,初步学唱歌曲。

2. 难点:通过构建图谱、闯关游戏进一步巩固歌词,创编歌词并演唱。

五、活动过程

(一)音乐进场。

幼儿排成两队,听音乐《游乐场》,跟节奏有序入场(脚跟、脚尖、踏踏踏)。

(二)发声练习。

师:今天来了这么多客人老师,我们一起用整齐优美的声音把《问好歌》送给她们吧。

(三)出示白云,教师范唱歌曲,幼儿初步感知。

师:今天老师请来了一位特别的朋友,它雪白雪白的,当你抬起头就可以看到它,看看是谁呀(白云)。这片云很喜欢出去玩,你仔细听一听:如果我是一片云,我会飘到哪里?会看见谁和谁?(教师范唱)

（四）构建图谱，学唱歌曲。

师：云朵出去玩的事情被画到了一幅幅图片上，图片的顺序就是云朵出去玩的顺序。可是，发生了一件事情，看这幅图上有些图片不见了，是空的。请注意第一幅图、第二幅图、第五幅图、最后一幅图是在的，我们一起来说一说这些图上都有什么？

师：剩下的图在旁边，谁能按照歌词的顺序将这些图片填上去？（请1—2位幼儿挑战，教师清唱纠正）

师：在这张图里还藏着一个秘密，你仔细观察，蓝底上的图和白底上的图有什么关系？

小结：蓝底图和白底图的后半部分是一样的，有一个更加准确的说法叫重复。图片是重复的，歌词是重复的吗？我们一起来验证一下，会唱的小朋友可以小声跟着一块儿唱。

（五）玩闯关游戏，创编歌曲。

师：大云朵要带小云朵们玩闯关游戏，（看这边）蓝色的布遮住的一共有三关。

闯关游戏第一关：

师：云朵飘到哪里？小河里的东西都对吗？请你把它拿下来。小鱼可以用什么动作表示？小虾呢？

师：老师做动作，你们来唱这首歌。

闯关游戏第二关：

师：请全体小朋友起立，面朝圈上，我们唱着小河的歌向第二关走去。这次云朵飘到哪里了？树林里的动物都对吗？根据图片幼儿齐说创编歌词。

师：请全体小朋友起立，面朝圈上，我们唱着树林的歌向第三关走去。

闯关游戏第三关：

师：我们来到了第三关，云朵飘到哪里了？遇到了谁跟谁？根据图片幼儿齐说创编歌词。

师：请全体小朋友起立，面朝圈上，我们一起把创编的歌曲送给今天的客人老师。

六、活动延伸

师：我们一会儿都去幼儿园里再找找，还有什么可以唱到我们的歌曲里。跟客人老师再见吧。

（二）"趣美课堂"的评价要求

"趣美课堂"评价以促进每个幼儿发展,促进教师自我成长来展开。"趣美课堂"评价体系的建立和实施,可以充分发挥评价的导向作用,促进教师转变教育思想,以达到改进课堂教学的目的(详见表5-3)。

表5-3 "趣美课堂"评价细目表

评价类别	评价标准	权重分	评分
教学目标	1. 目标明确、具体、适宜,适合幼儿的身心发展特点。	6	
	2. 体现三维目标的整合性,具体明确,具有可操作性。	5	
幼儿参与	1. 活动兴趣浓厚,积极参与,主动操作、感知。	6	
	2. 能积极参与活动,大胆回答问题。	6	
	3. 在活动中能表现出一定的探索精神。	6	
	4. 有自主学习、小组交流、合作学习的意识。	5	
	5. 每个幼儿都有不同程度的收获,多数幼儿能够完成活动目标要求。	6	
教师教学行为	1. 教学方法、手段灵活多样,勇于改革和创新。	6	
	2. 运用先进的教育思想、手段、方法。	5	
	3. 关注活动生成,灵活实施计划。	5	
	4. 体现幼儿的主体地位和教师的主导地位。	5	
	5. 教态亲切自然、情绪饱满,富有感染力。	5	
	6. 语言准确、简洁、生动,语调高低、快慢适度,富于变化。	5	
教师课堂表现	1. 教态亲切自然、情绪饱满,富有感染力。	6	
	2. 能够创设宽松民主的教学氛围,师幼关系融洽。	5	
	3. 注重幼儿学习习惯和良好行为习惯的培养。	6	
教师评价	1. 及时发现幼儿需求,面向全体的同时关注个体差异,体现因人施教。	6	

评价类别	评价标准	权重分	评分
	2. 鼓励引导幼儿积极探索,运用过程性评价。	6	
本次活动亮点:	评价:	总分:	

二、组织"趣美游戏",在艺术中乐此不疲

艺术是幼儿的游戏,游戏是艺术的初级形式,游戏是儿童产生高级心理现象的重要源泉,是儿童社会化的重要途径。"趣美游戏"强调的是顺应幼儿的自然发展,强调的是"过程""自我表现"和幼儿自主的活动,是以幼儿的快乐和满足为目的,把游戏的主导权交给孩子,让幼儿乐在其中,乐此不疲。

（一）"趣美游戏"的内容与组织形式

"趣美游戏" 课程包含的是幼儿园的美工区、表演区等区域游戏和角色游戏,游戏的形式有班级共享式、分层联动式。教师根据幼儿游戏的主题提供创设良好的环境,提供符合幼儿年龄段的丰富的材料,进行观察、总结、反思,并记录在册,每周定期实施。

班级共享式：每个班设置有"美工区""表演区"等区域,在其中投放适合幼儿年龄特点的材料,让幼儿在餐后等时间自主选择材料进行互动,尊重幼儿的艺术表演形式,让幼儿在区域内对艺术工具和材料进行探索。

图 5-7 班级美工区区域创设

图 5 - 8　班级表演区区域创设

图 5 - 9　幼儿在美工区进行游戏

分层联动式：根据幼儿年龄特点及兴趣爱好，分阶段开展艺术活动，引导幼儿积极参与舞蹈、绘画、手工等活动。以年龄段为单位，在不同的活动室创设不同的主题情境，有"美工室""陶艺室""戏剧表演室"等，每周固定时间到选择的活动室进行操作探索。以美工室活动安排为例。

图 5-10　美工室活动展示

图 5-11　幼儿在戏剧表演室进行游戏

案例 5-3

时间	周次	小班	中班	大班
11.2	第一周	国画《桃子》	国画《桃子》 手工《银杏叶》	国画《绿藤》 手工《银杏叶》

时间	周次	小班	中班	大班
11.9	第二周	国画《桃子》	国画《桃子》 手工《银杏叶》	国画《绿藤》 手工《银杏叶》
11.16	第三周	国画《橘子》	国画《南瓜》 线描《南瓜》	国画《南瓜》 线描《南瓜》
11.23	第四周	国画《橘子》	国画《南瓜》 线描《南瓜》	国画《南瓜》 线描《南瓜》
11.30	第五周	水墨创意《大山》 手工《手链》	水墨创意《层林尽染》 手工《手链》	水墨创意《层林尽染》 手工制作《手链》
12.7	第六周	水墨创意《大山》 手工《手链》	水墨创意《层林尽染》 手工《手链》	水墨创意《层林尽染》 手工《手链》
12.14	第七周	国画《樱桃》	国画《樱桃》 手工《项链》	国画《葫芦》 手工《项链》
12.21	第八周	国画《樱桃》	国画《樱桃》 手工《手链》	国画《葫芦》 手工《项链》
12.28	第九周	组合画《天鹅》	国画《千里江山》 线描《裙子》	国画《织围巾》 线描《围巾》
1.4	第十周	组合画《天鹅》	国画《千里江山》 线描《裙子》	国画、水粉《织围巾》 线描《围巾》
1.11	第十一周	组合画《庆新年》	组合画《庆新年》	组合画《冰天雪地》
1.18	第十二周	组合画《庆新年》	组合画《庆新年》	组合画《冰天雪地》

（二）"趣美游戏"的评价要求

教师在实施过程中观察幼儿的反应、与材料的互动等,进行总结,撰写观察笔记,针对每一次的活动进行研讨,并调整下一次的活动方案(详见表5-4)。

表 5 - 4   "趣美游戏"课程评价表

评价内容	评 价 标 准	评价等级（ABC）
材料准备	开放适度,支持跟进有效。	
儿童游戏	自主投入充分,想象创造,学有所获。	
观察指导	观察解读判断到位,介入支持互动有效。	
师幼关系	儿童充分自发,教师专业引发,融洽、和谐。	
评价	有目的,有计划,有提升。	

　　教师基于对趣美游戏的评价要求,根据幼儿的身心发展特点,对幼儿在趣美游戏活动当中的行为进行观察和分析,思考支持策略并对游戏开展进行反思。教师从观察、解读幼儿行为的视角,以更积极的态度去理解幼儿的行为表现和心理变化。

案例 5 - 4   **观察记录:有生命的鹅卵石**

观察对象:沙宥希　　　　性别:女

年龄:5 岁　　　　　　　观察时间:2021.10.21

观察地点:美工区　　　　班级:中二班

记录教师:陈雨菲

一、 观察目的

1. 探究影响幼儿利用自然材料进行自主美术创作的因素。

2. 如何调整材料,给幼儿的自主创作提供隐形支持。

二、 幼儿行为描述（注意）

　　近期,自然角有一些剩下的鹅卵石被投放入美工区,这些形状各异、大小不一的石头引起了孩子们的注意。不起眼的鹅卵石在美工区成了孩子们的"香饽饽"。区域活动时间到了,宥希来到美术区迅速地拿好了所需要的材料,依次把颜料、棉签、石头摆好。宥希先把颜料打开,在颜料盘里用棉签蘸了蘸棕色的颜料并在盘子边上刮了刮,先沿着石头的边画出了椭圆形的脸的轮廓,然后画出了两个大大的眼睛和眉毛,随后换了一根棉签蘸了红色的颜料画上了红红的嘴巴。宥希看了看自己画的石头小人后,又拿起黑色的棉签给小人加上了黑色的头发。一个石头小人就完成了,宥希高兴地拿起来去给好朋友看。看见宥希画的石头小人后,雨馨、嘉颖也跟着画了起来。可是几天后,宥希在作画的时候,我发现她左看看、右看看,时而撑着额头不知道在想什么,也不动手画,等到区域活动结束的时候也没画出什么作品。在回顾分享时,我问宥希:"为什么不画石头了?""我想画,但是我不知道要画什么,石头太小了不好画"。宥希说。

三、 幼儿行为分析评价(识别)

石头绘画不同于纸上作画,平时在绘画过程中,老师都会引导孩子把物体画大、画饱满,孩子们感受画大画满的乐趣。因此,尽管中班的孩子有一定的绘画经验,绘画时线条流畅,有一定的涂色技巧,但是在石头上绘画还是第一次,在小小的石头上画出自己想要的图案还是有一定难度的,作品多数以单纯涂色、简单的形象为主。

四、 支持策略(回应)

1. 与孩子们一起欣赏石头绘画作品,通过大量作品的欣赏,可以丰富幼儿的感性经验,以更好地激发他们对这类创作活动的兴趣。

2. 提供一些石头绘画作品集,请幼儿仔细观察,欣赏这类作品的色彩美、对称美等,学会一些细节的刻画。

3. 增加勾线笔、细毛笔等绘画工具,便于幼儿对细节的勾勒与刻画。

五、 效果反思

自从欣赏了石头绘画作品后,宥希对石头绘画的热情又被点燃了,孩子们有了新的作品呈现,能更大胆地画出不同的形象。另外,提供不同的绘画工具更有助于孩子们创作,他们的石头作品多了很多细节刻画,形象也更加完整饱满。

案例 5-5

观察记录:妈妈的头发

观察对象:任梓萌　　　　性别:女

年龄:4 岁　　　　　　　观察时间:2021.10.12

观察地点:美工区　　　　班级:小一班

记录教师:丁艳格

一、 观察目的

1. 发现幼儿在美术活动时的专注力。

2. 通过撕纸、折毛根等方式,提高幼儿的艺术表现力。

二、 幼儿行为描述(注意)

萌萌是我们班一个很爱做手工的小女孩,在家喜欢和哥哥一起画画、做手工折纸,平时在进行美术活动时涂色非常仔细。在这次的区角活动中,萌萌还是选择了她喜欢的美工区,她拿上自己的区角牌,在美工区选择了"妈妈的头发"美术筐准备创作。她先看了看筐里的材料,拿着"妈妈"的画纸向我说道:"老师你看,我要给她上面做一个头发。"我说:"这么多做头发的材料,你选择你想用的材料试一试吧。"萌萌拿起画笔在上面慢慢地画了几条长长的线,把水彩笔放回筐里后,拿起一张彩纸，从旁边开始撕出一个小口，一点一点地撕出长长的纸条，并将这个纸条用固体胶粘在了头顶上。这时，她高兴地鼓起掌说："妈妈的头发是长长的、直直的，我妈妈的头发就是这样的。"我看到她的作品后，继续追问道："那你会用这个细细长长的毛根来卷一卷妈妈前面的刘海吗？"

三、幼儿行为分析评价（识别）

萌萌在区角活动时能够有目的地选择自己喜欢的活动，并且长时间地专注于创作"妈妈的头发"，选择水彩笔画一画、折纸撕一撕等方法进行创作。

四、支持策略（回应）

当萌萌在将彩纸撕成长长的纸条做成头发后，我引导她尝试用易弯曲的毛根来做卷卷的头发，萌萌根据以往经验，尝试选择喜欢的颜色，并进行卷一卷、变一变。

五、效果反思

1. 幼儿在尝试用彩纸撕一撕、毛根卷一卷等方法中，将自己的美术作品进行完善和美化，获得自我满足。

2. 被观察者在美术活动时表现出较长时间的专注力，艺术表现力得到提升。

案例 5-6　　　　　　**小朋友的 T 台秀**

观察对象:赵艺嘉　　　　性别:女

年龄:6 岁　　　　　　　观察时间:2021 年 4 月

观察地点:表演区　　　　班级:大三班

记录教师:张婧

一、观察目的

1. 了解幼儿在表演区的游戏状态。

2. 帮助幼儿大胆自信展示自己。

二、幼儿行为描述(注意)

嘉嘉是一个比较爱美、爱打扮自己的小女孩,在幼儿园里特别喜欢进入表演区进行装扮游戏。自主选择区角游戏时,嘉嘉和好朋友依依来到表演区进行装扮,装扮好之后,依依提议走 T 台秀。于是老师帮忙选择了一首节奏感很好,适合走秀的音乐。依依穿了一件爱莎公主裙,手拿仙女棒,在走秀区跟着音乐节奏走秀、摆造型。嘉嘉羡慕地看着依依走秀,但是她坐在下面观众区不上来。依依发出邀请说:"嘉嘉我们一起来走秀吧。"卓卓看见了拿着吉他说:"来吧、来吧,我给你们伴奏。"但是嘉嘉还是眼巴巴地看着他们,摇摇头不上来。到游戏最后,嘉嘉也只是把自己装扮得美美的,没有上前进行走秀。

三、幼儿行为分析评价(识别)

该幼儿很喜欢表演区的装扮游戏,同时从她一直观看其他小朋友走秀可以看出,她也特别想上前来进行走秀。但是嘉嘉对在大家面前进行表演比较胆怯,不敢上前表现自己。

四、支持策略(回应)

老师观察到这一幕,便过来帮助嘉嘉克服心理障碍,对嘉嘉说:"嘉嘉,老师牵着你的手,和你一起走秀可以吗?"同时老师伸出手,微笑着向嘉嘉发出邀请。

五、效果反思

最后,嘉嘉终于迈出了勇敢的一步,牵着老师的手完成了一次走秀。对于像嘉嘉这样想去做一件事,但是不够勇敢的孩子,老师要做一个助推者,推孩子一把,帮助孩子勇敢地向前进一步,帮助孩子逐渐建立胆量与自信。

三、推行"趣美生活",浸润幼儿心灵

"趣美生活"旨在一日生活中为幼儿提供丰富的艺术活动和艺术资源,萌发幼儿对美的感受和体验,满足幼儿多方面发展的需要,使他们在充满美的生活中获得有益于艺术性发展的经验。

（一）"趣美生活"的内容与组织形式

《3—6岁儿童学习与发展指南》中指出:"创造条件让幼儿接触多种艺术形式和作品。""趣美生活"将各种艺术形式和作品融进幼儿的一日生活之中,融入家庭教育活动中,贯穿一日生活始终。

唤醒耳朵: 每天或每周固定的时间,加入音乐欣赏活动,在餐前通过让幼儿倾听音乐,进而对音乐进行感受、体验、理解、创造与表现的活动。

表5-5 2021—2022学年"唤醒耳朵"活动安排

类型	月份	小班	中班	大班
独奏 （民间）	10月	《高山流水》 《彩云之南》 《泉水》 《胭脂妆》 《灯火里的中国》 《欢快的泼水节》 《赶摆归来时》	《渔舟唱晚》 《侗族舞曲》 《小卜少》 《美丽的金孔雀》 《空山鸟语》 《草原之夜》 《飞花点翠》 《赶花会》	《百鸟朝凤》 《牧民新歌》 《月光下的凤尾竹》 《喜洋洋》 《赛马》 《渔舟唱晚》 《云水禅心》 《二泉映月》
独奏	11月	《千与千寻》 《夜空的寂静》 《雨的印记》 《彩云追月》 《芒种》 《音乐瞬间》 《雪之梦》 《绿袖子》	《献给爱丽丝》 《小星星变奏曲》 《丝丝小雨》 《风之歌》 《童年》 《虫儿飞》 《E大调小号协奏曲》 《降E大调第四圆号协奏曲》	《初雪》 《献给爱丽丝》 《梦中的婚礼》 《菊次郎的夏天》 《秋日的私语》 《星空》 《夜的钢琴曲》 《天空之城》

类型	月份	小班	中班	大班
重奏	12月	《萱草花》 《我的祖国》 《我和你》 《音乐之声》 《鸽子》 《渔舟唱晚》 《纺织姑娘》 《阿银嘎》	《快乐的农夫》 《化蝶》 《雪绒花》 《凤阳花鼓》 《渔家姑娘》 《喀秋莎》 《夜来香》 《红旗颂》	《梁祝》 《云雀四重奏》 《忆江南》 《月光》 《卡农》 《四季》 《爱的赞礼》 《无言歌》
合奏	1月	《时间像小马车》 《绿色的童谣》 《新春乐》 《月半小夜曲》 《清风小林》 《刹那芳华曲》 《布谷鸟》 《民乐小合奏》	《茉莉花》 《阳关三叠》 《欢乐颂》 《友谊地久天长》 《山丘之王》 《安魂曲》 《第十交响曲》 《我的祖国》	《苏堤小景》 《山歌好比春江水》 《丝绸之路》 《瑶族舞曲》 《马兰开花》 《春节序曲》 《春江花月夜》 《友谊地久天长》

午后时光： 下午茶时间安排在每周一下午孩子起床后。优美的环境，铺上漂亮的桌布，放上花瓶，摆上美食，一首美妙的背景音乐，学习使用果叉，学习给对方倒茶，互相聊一聊周末的见闻和感想，感受朋友带来的快乐。

你我手拉手： 根据"趣美艺术"课程进度，利用家园沟通平台布置活动任务，请家长利用闲暇时间带幼儿参加各类艺术展、画展、戏剧表演、传统民间艺术等活动。在家实施艺术类活动，例如家庭合唱、亲子手工制作等。

让欣赏美变成一种日常，让孩子在日常生活中发现美、欣赏美、感受美、体验美、表现美和创造美，提高幼儿精神生命生活活动的品位和层次。不追求即时效应，让孩子在美的环境中潜移默化地获得美的感受。

（二）"趣美生活"的评价要求

每学期开展"趣美生活"（唤醒耳朵）活动后进行同年龄段教师的教研，为幼儿提供艺术的氛围，培养其对音乐的敏感（详见表5-6）。

表 5-6 "趣美生活"(唤醒耳朵)评价表(学期)

评价内容	评 价 标 准	评价等级(ABC)
活动准备	准备充分,有计划性。	
选取内容	符合幼儿的年龄阶段,多样。	
幼儿参与	愿意参加活动,有热情。	
评价	有目的、有计划、有提升。	

在家庭艺术类活动后,留下过程性图片和幼儿自主记录性绘画。每学年进行总结,评比"趣美生活"之星,由班级进行奖励。对家长进行问卷式调查,收集反馈意见(详见表 5-7)。

表 5-7 "趣美生活"(你我手拉手)

家长问卷调查表

1. 您的孩子今年参加了多少次"趣美生活"(你我手拉手)的活动?
2. 您认为您的孩子参加"趣美生活"(你我手拉手)活动后的收获是什么?
3. 除了幼儿园已有的艺术活动外,请您推荐一个您的孩子最喜欢的社会性艺术活动。
4. 请简要写出您参加"趣美生活"(你我手拉手)活动后的感想与建议。

四、激活"趣美乐园",建立环境与幼儿的对话

环境是无形的教育,是园所内看得见的艺术形态,对幼儿起着潜移默化的熏陶和启迪的作用。我们充分挖掘"趣美艺术"领域课程群的内容,建立环境与幼儿的对话。

（一）"趣美乐园"的内容与组织形式

我们从提升幼儿的心灵品质出发,挖掘幼儿园乐享园、畅享园、创享园等处的资源,开发建设"趣美乐园"的园所环境课程,让美融入园所的各个角落,如:园所

围墙、廊道布置、班级环境创设等。让每一寸空间都发挥它的教育价值。

园所围墙：结合幼儿园园所历史文化及理念进行艺术的创设，主要介绍园所文化及精神面貌，突出文化理念和宗旨的精华，展现园所文化自信的魅力。

图 5-12　园所围墙展示

廊道布置：走廊根据不同楼层设置不同的主题，有"课程理念""五大领域介绍""绘本推荐""传统文化"等内容。由年龄段教师收集废旧材料、幼儿及教师作品等内容进行艺术加工，在走廊上进行展示，幼儿在散步等时间驻足进行观赏，从而接受美的熏陶。

图 5-13　廊道布置展示

班级环境：班级主题墙是丰富幼儿园教学环境、优化教学手段、提高教学质量的重要途径，为幼儿梳理和提升经验，传递教育理念。根据幼儿的年龄特点和身心发展特点，从幼儿的欣赏水平、接受能力、观赏能力和动手能力等方面考虑，进行主题式的创设。

图 5-14　班级门口主题墙创设

图 5-15　班级门口植物角创设

（二）"趣美乐园"的评价要求

结合"最美廊道"和"最具创意班级"的评比活动，设置课程评价表（详见表 5-8）。

表 5-8　"趣美乐园"课程评价表

评价内容	评 价 标 准	权重分	得分
环境布置	1. 主题鲜明，突出趣美乐园文化内涵，具有创新精神和文化特色，有利于幼儿发展。	15	
	2. 能根据童味教育课程进度情况调整变化，各板块内容更新及时，内容丰富，有创新性、趣味性。	15	
	3. 能让幼儿主动参与，引发幼儿学习兴趣，幼儿喜欢幼儿园环境，心情愉快，师幼关系融洽。	10	
	4. 环境充满童趣，符合幼儿年龄特点。	10	
活动开展	1. 活动主题突出，活动形式新颖，活动效果好。	15	
	2. 教师组织有序，幼儿主动参与，积极性高。	15	
	3. 与园本课程、特色课程有机整合，每月至少开展一次主题活动。	10	
	4. 每学期的展示时，幼儿能主动与墙面互动，体现廊道（围墙、班级）特色。	10	
合计得分		100	

"趣美乐园"是回族幼儿园童味园课程的一部分。它是以幼儿发展为本,追随幼儿的兴趣点与生长点,让童画融入于园所的各个角落,让每一寸空间都发挥它的教育价值,激发幼儿的主动学习和体验。同时,用活课程资源,创设灵动有趣的环境课程,促进幼儿的自我发展和个性生成。由此,我们开展了"境"润童心,"域"见美好班级环境与区域创设观摩交流活动。

案例 5-7

区域创设观摩交流:
"境"润童心,"域"见美好

幼儿园的环境是重要的教育资源,是一种"隐性"课程,潜移默化地影响、促进幼儿的全面发展。为进一步提升教师对环境创设理念的认识,让环境凸显幼儿的学习过程和发展轨迹,让幼儿真正在与环境的互动中学习与发展,充分发挥环境育人的重要作用,我们开展了各类观摩交流活动。

1. 观·促学致用

在环境创设的实践和研究过程中,老师们用心构思,围绕"一班一特色",与环境课程充分联结,展开了有效的观摩学习体验。活动以"观摩讲解、互看互评"的形式展开。观摩过程中,各班教师遵循"基于幼儿 巧用空间"的原则,结合本班幼儿年龄特点、发展水平、兴趣爱好、幼儿参与等,就班级环创风格、思路、做法及亮点,进行了详细的介绍与讲解。观摩教师或轻声交流,或认真记录,在相互观摩中拓宽思路,取长补短。

2. 展·创新内涵

根据不同年龄段幼儿的发展特点,结合主题教育内容,各班在区域规划、材料投放以及主题墙的设计上各显精彩。班班有不同,处处有新意,在有限的空间里创设无限的可能。

小班环创:通过生活自理流程图、引导标识等,帮助幼儿树立良好的常规。

中班环创:内容创设丰富有趣,使幼儿与环境互动,促进幼儿间相互学习。

大班环创:更多以幼儿的作品为主导布置环境,充分增进幼儿的知识构建和学习经验的积累。

3. 研·共思共进

我们从"整体风格""区域环境""主题墙面"等，进行探讨、交流。以环境为切入口，抓住一日活动中的所有契机，包括一些碎片式的、细微的点，并将它和课程有效连接起来，充分调动孩子们的参与性和创造性，发挥环境教育手段的交互作用，促进幼儿各方面能力的发展。真正从孩子出发，细致地考虑、创设每一个环境，鼓励孩子在属于自己的环境中积极探索，积累经验，收获成长，共同携手为孩子们打造健康成长的童画乐园！

五、举办"趣美艺术节"，让艺趣充盈幼儿内心

园内开展艺术节不仅给幼儿一个展现自我的机会，还能提高幼儿的审美能力，丰富园所文化生活，增强家园共育效果，优化育人环境。

（一）"趣美艺术节"的内容与组织形式

活动在每学年的年底举行，以月为单位进行安排，不同年龄段根据年龄段特点，结合主题教育活动举行不同主题的艺术节活动，四大板块内容涵盖了众多的艺术类型，让每个幼儿都有参与和展现自己的机会。

趣美创意展：展出分为"幼儿组""亲子组""教师组"，将废旧材料作品、美术作品、手工作品等多种艺术形式的作品进行展览，幼儿园变成一个小型的美术馆。

趣美长卷：幼儿和家长在操场长卷的画布上进行主题创意画。

传统艺术游园乐：每个班级创设一个传统艺术项目，如：拓印、扎染、剪纸、折纸等内容。家长和幼儿拿着游园卡到各个班级进行艺术体验。

趣美舞台：根据不同艺术节的主题，各班幼儿进行节目的准备和选取，在艺术节当天进行展示。下面以"童心喜迎元旦，艺术点亮新年"趣美艺术节为例。

案例 5-8　趣美艺术节：童心喜迎元旦，艺术点亮新年

一、活动目标

1. 通过丰富多样的绘画与手工形式，产生对美术活动浓厚的兴趣。

2. 喜欢进行艺术活动，在艺术节中大胆表现自己。

3. 通过传统艺术游园乐的体验过程,认识美、鉴赏美、创造美。

二、活动时间

2021 年 12 月

三、活动准备

1. 布置游园场地、创意展场地以及趣美舞台场地,划分好区域。

2. 确定传统艺术游园的名称、规则、位置、示意图,以及各个活动的教师站位等。

3. 制作宣传海报及活动引导图。

4. 教师、幼儿及家委会成员提前布置创意展,将作品展出。

5. 购买活动材料,各个传统艺术活动所需材料、印章等。

6. 准备游戏奖品和小纪念品若干。

7. 拟定邀请函、游戏卡,印制活动门票。

四、活动过程

（一）开幕式

升旗仪式后的开幕式上,园长老师就本次幼儿园的艺术节活动提出了殷切的希望,对一些安全事项进行了短暂又温馨的叮嘱后,孩子们在班级老师的带领下踏着动听的音乐节奏欢乐起舞,热闹的氛围顿时燃起来啦。

（二）趣美创意展

全体师幼、家长通过剪纸、绘画、手工制作等艺术表现方式,共同营造新年的氛围。师幼共同设计展出内容、精心布展、观展交流,感知、体验、创造艺术之美,表达对新年的愿望与祝福。

（三）传统艺术游园乐

幼儿按年龄段层级,在版画、剪纸、写福、扎染、剪纸、扭秧歌中进行游戏选择,开启自主探究美术游戏活动。幼儿手拿游园卡到各个场馆进行体验游玩,每体验一个项目都要在游园卡上盖一枚印章,直到集齐所有的印章后可以到奖品兑换处领取一份礼物。

负责带班的教师结合当下的操作材料,充分激发儿童探究美术的兴趣,并在一旁及时观察记录,捕捉儿童生成。还可以进行适宜的介入评价,并帮助幼儿梳理活动参与经验。

（四）趣美舞台

打击乐、唱歌、跳舞、律动……伴着形式多样的节目，孩子们向大家展示着自己和班级团队的风采，教师们也一展风采，为大家送来最真挚的新年祝福。

《幼儿园教育指导纲要》指出："全面推进素质教育，学习关爱他人，增强幼儿体质，展现艺术风采"，本届艺术节面向全体幼儿，以提高幼儿的整体素质为宗旨，以展示特长为基础，以宣传我园艺术教育成果为主导，通过开展一系列丰富多彩的文化艺术活动，深化我园的文化、艺术教育工作，弘扬中华民族传统美德，培养幼儿审美情操，相信它一定是孩子们最喜欢的节日。

（二）"趣美艺术节"的评价要求

对于"趣美艺术节"采用综合评价法进行评价，从幼儿的投入程度、家长的反馈、教师的观察得出评价结果。在活动后由教研组召开教研会议，进行总结分析，再调整下次的活动方案。

在"趣美艺术节"实施后，我们综合活动方案设计、活动时的课程实施、活动后的效果等情况进行评价（详见表5-9）。

表5-9 "趣美艺术节"评价量表

对象	评价内容	评价标准	权重分	评价等级
幼儿	活动过程	1. 兴趣浓厚，积极参与，主动操作、感知。 2. 能积极表现，动手、动脑。	25	
	活动参与	1. 认真听取同伴意见，发表不同见解。 2. 能在活动中有不同程度的收获，多数幼儿能够完成活动目标要求。	20	
教师	主题方案	1. 活动设计思路、脉络、主线清晰，紧密地围绕活动目标进行。 2. 活动结构安排合理，主次分明，重难点突出，时间安排合理，环节紧凑流畅。	15	
	活动实施	1. 教育方法、手段灵活多样，勇于改革和创新。 2. 在活动实施中及时发现幼儿需求，面向全体的同时关注个体差异，体现因人施教。	20	

对象	评价内容	评价标准	权重分	评价等级
活动效果		1. 活动关注生成，能灵活处置计划。 2. 活动体现幼儿的主体地位和教师的主导地位。 3. 在教育过程中注重幼儿学习习惯和良好行为习惯的培养。	20	
合计得分			100	

依托艺术节活动，我园还进行了一系列国旗下的艺术活动。例如，歌唱活动、舞蹈表演、情景剧表演、手指舞等，内容丰富，形式多样。"童心向党，幸福成长""祖国放心，强国有我"，鲜明的红色主题给了幼儿广阔的表现天地。嘹亮的红歌唱进了每个幼儿的心里。伴随音乐，舒展四肢，幼儿的每一个舞蹈动作都表达着对祖国的爱意。培养幼儿的爱国意识，增强幼儿自豪感、荣誉感，我们一直在努力。

表5-10　国旗下的艺术活动安排表

时间	主题	形式	名称
2021年5月	童心向党 幸福成长	歌唱活动	《打靶归来》 《红星闪闪》 《我爱北京天安门》
		舞蹈表演	《闪闪的红星》 《我爱祖国妈妈》 《我爱祖国天安门》
		情景剧表演	《鸡毛信》 《小英雄雨来》
2021年6月	歌声嘹亮 童心爱国	歌唱活动	《我们的祖国真大》 《国旗国旗多美丽》
		舞蹈表演	《童心向党》 《我爱你中国》
		情景剧表演	《小英雄雨来》

时间	主题	形式	名称
2021 年 10 月	小小中国心 浓浓爱国情	歌唱活动	《歌唱祖国》 《娃哈哈》 《祖国祖国我们爱你》
		舞蹈表演	《中国么么哒》 《祖国祖国我们爱你》
		情景剧表演	《百善孝为先》 《英雄王二小》
		手势舞	《国家》 《百善孝为先》
2021 年 11 月	祖国放心 强国有我	舞蹈表演	《我们是共产主义接班人》 《小红花》 《中国么么哒》 《悯农》 《中国少年》 《娃哈哈》
2021 年 12 月	我和祖国 共成长	舞蹈表演	《祖国在我心窝里》 《我们准备好了!》

1. 童心向党,幸福成长

在幼小的心灵中播下一颗红色的种子,让孩子们在党史学习中感受英雄的力量。传承革命精神,弘扬红色文化。愿每一个孩子都敢于有梦,勤于追梦,勇于圆梦,与祖国共成长,共筑中国梦。

2. 歌声嘹亮,童心爱国

弘扬红色精神,厚植爱党、爱国、爱社会主义情怀,努力在幼儿的心灵中播撒红色的种子。我们能有今天的幸福生活,完全得益于党的领导和奋斗。我们要爱党、敬党、感谢党,长大后努力为中国特色社会主义事业而奋斗!

3. 小小中国心,浓浓爱国情

小朋友们扬起一张张笑脸,期盼着国旗在这一刻升起,国旗、国歌是祖国的象征。他们爱我们的祖国,爱我们的国旗,爱我们的幼儿园。小朋友们是初升的太阳,是祖国的明天,他们会在祖国的怀抱中茁壮成长,会不断努力,为祖国增添光彩。祝福我们的国家、我们的党永远充满希望,永远朝气蓬勃!

4. 祖国放心,强国有我

贯彻落实班级幼儿爱国主义教育,将热爱祖国、热爱保护国旗的情感扎根幼儿心底,引导幼儿用实际行动、语言表达对祖国妈妈的情感,舞蹈表演《中国么么哒》,以整齐划一、精心准备的舞蹈,童真童趣的表演抒发自己的爱国之情,赢得了幼儿园师幼的热烈掌声。

爱国主义一直是永恒的教育主题。爱祖国是每个中国人应有的一种深厚情感,孩子们要逐步培养国家荣誉感,提升爱国信念与情怀,让红色基因薪火相传!

5. 我和祖国共成长

漫步历史街道,回望祖国大地,72 年来,祖国的经济文化、科学技术的变化可谓是一日千里。中国奥运健儿获得金牌,香港这颗"东方明珠"重回祖国的怀抱,"神舟飞船"的成功发射……都昭示了中国的繁盛与强大。培养孩子们的爱国意识,增强孩子们的自豪感和荣誉感,这是非常有意义的!

总之,在"让孩子们感受世界的美好"课程理念引领下,回族幼儿园艺术教研组坚持以幼儿为本的教学理念,努力在艺术领域走出具有园所特色的学科建设之路,在趣美艺术领域课程群中体现幼儿园艺术教育的核心价值。孩子们的生活,因为艺术而变得多姿多彩。具体来说,我们的"趣美艺术"课程建设成效如下:

第一,幼儿更喜欢自然界与生活中美的事物。喜欢观察身边常见动植物以及其他物体,能发现美的特征,感受和欣赏美。幼儿园里的一草一木一物给孩子美的感知提供素材,如陪伴孩子度过幼儿园生活的银杏树,伴随季节的更迭,从叶绿到结果再到叶落,幼儿能从不同角度感知一棵树带来的艺术感受。从一个小小的幼儿园的园标,孩子们发现标志图案的对称美,标志颜色的搭配美,中国诗词的押韵美。幼儿更喜欢向别人介绍自己发现的美的事物。在园所以及班级环境创设的过程中,幼儿能和老师一起用图画、手工制品等装饰和美化环境,如创设班级门口的植物角,和同伴一起规划植物和装饰品的摆放;创设班级美工区时会动手画一画、做一做;或者看到一些好看的石头、树枝、叶子等物品时,会收集并用来主动装饰班级环境。

通过调查,发现幼儿园 98% 的孩子去过剧院、美术馆、博物馆等地欣赏文艺表演和艺术作品。幼儿也在欣赏艺术大师们的作品中,增强对艺术的感知。在班本故事《"瓶"凡世界》中,幼儿与大师对话:蒙德里安与瓶子。欣赏名画后,幼儿通过写生瓶子进行观察、发现,并进行创意性表达。美工室中,幼儿欣赏草间弥生以波点为核心元素的艺术作品,在创作过程中进行多种材料的使用和多种形式的展现。

幼儿能集中注意倾听或观看喜欢的音乐舞蹈表演,能在音乐中体会快乐。在每日的餐前音乐欣赏"唤醒耳朵"环节,班级内95%的幼儿表现出较好的倾听习惯,会随音乐节奏随意摇摆或用自己的方式表现自己对音色、强弱、快慢的感知,体会乐曲的情感和意义。在幼儿园组织的观看皮影戏、木偶剧等活动中,各个年龄段幼儿均表现出浓厚的兴趣,互相交流自己的感受,并有模仿和参与的愿望。如《光与影》的班本课程中,幼儿利用自然现象开展了手影游戏与皮影游戏,感知光和影的艺术。

第二,幼儿在艺术表现上更大胆,并具有初步的艺术表现与创造能力。幼儿在园所内陶艺室、儿童戏剧室、美工室及教室的美工区、表演区,皆表现出对艺术表现与创造的愿望。幼儿能根据自己的意愿,自由地进行艺术创作;能综合运用多种艺术媒介进行创作;在欣赏和评价自己或他人的艺术作品时能讲述自己独特的观点。

在"趣美艺术"课程的学习下,幼儿进行多种形式的美术体验,如小班的涂鸦、撕贴,中班的布艺、线描、版画、剪纸,大班的湿塑、水墨、扎染等,会用多种工具进行美术创造活动,表现其主要的特征,并乐于表达与表现。如在班本课程《夏之荷》中,教师和幼儿共同对"荷"的艺术表现形式进行了深入探索,通过版画、水墨、线描等不同形式对荷进行了艺术表现。

幼儿更喜欢参加艺术活动,并有自己比较喜欢的活动形式,音乐活动中能用基本准确的节奏和音调唱歌,用韵律或简单的舞蹈动作表现自己的情绪或自然界的情景。在"趣美艺术节""回幼好声音"等活动中,幼儿敢于并乐于表达表现。

"趣美艺术"课程围绕儿童对美的多元表达,将课程浸润至环境、儿童生活、游戏的点点滴滴。幼儿进行美的"诉说",美的表达。

撰稿者:朱凡钰

(本章中照片由幼儿园提供)

后记

郑州市管城回族区回族幼儿园于 1958 年建园,六十多年来,它经历了很多波折,也收获了很多成就。尤其是新世纪以来这十几年,由于团队建设的逐渐稳固,兼之外在教育改革的趋势,"回幼"也创造性地做了很多设计与改变。这些创新逐渐为外界认可,也使很多专家与同行来园参观交流。我们希望通过这次图书的出版,对基于童味教育下的"童味园课程"进行全面的总结与梳理,将之作为课程进一步优化的起点。同时,也希望我们构建童味园课程的做法,能够给各级各类幼儿园带来一些启发,给予些许借鉴。

全书共分为五个章节,从我园的发展历史,幼儿园课程理念、目标、实施到管理,及"跃动健康、绘声语言、和润社会、探秘科学、趣美艺术"五个课程群建设都做了相关的阐释。在每章的内容中,我们也提供了一些典型教育案例与班本故事。可以说,书里面所记载的每一种做法和每一个课程构建,都是我们经过多年的潜心研究才得以形成的,它承载着"回幼"的教改结晶。

此书从策划到成稿,虽没有"批阅十载,增删五次",但其中艰辛也实难以尽言。因此,在本书最后,感谢参与本书写作的教师们数月来辛辛苦苦的笔耕。没有各位的付出,就不会有这本书的出版。

另外,在本书写作期间,承蒙管城回族区领导的重视与关怀,本书还获得了上海市教育科学研究院杨四耕老师的专业指导。在此一并表示深深的感激与由衷的谢意。当然，我们亦深知水平有限，书中错漏无可避免。因此，本书有所不足的地方，也请读者多多批评指正，或来园与我们探讨。

教育是复杂的，儿童也各具特性。我们知道没有哪一种教育模式可以万世通用，亦不可能完美地适用于每一个人，但每一种教育理念的创新和拓展，也都可能会给教育生态带来深刻的变化。这也是我们著述此书的动力。因为没有人知道"哪一只蝴蝶翅膀的震动，会在未来引来一场风暴"。

最后，回首写作著述的这段时间，我们总体感觉仍是充实而幸福的。因为无论如何，这本书记下了我们所经历的岁月，以及我们劳作的成果，还将可能成就未来。这当然也是"这里，有孩子们最难忘的童年"这一课程理念的必然结果，所谓"童年漫漫，回味满满"就是要达到在教育的过程中，成就每个人的事业，建设美好的幼儿园以及为儿童终身发展奠定根基。

2023 年 2 月

"品质课程"阅读书目

学校整体课程规划	978 - 7 - 5760 - 0423 - 6	48.00	2022 年 1 月
学校整体课程规划的七个关键	978 - 7 - 5760 - 0424 - 3	62.00	2021 年 3 月
教学诠释学	978 - 7 - 5760 - 0394 - 9	42.00	2020 年 9 月

特色学校聚焦丛书

让个性自然发荣滋长:"引发教育"的理论寻源与实践探索			
	978 - 7 - 5760 - 2600 - 9	38.00	2022 年 3 月
面向每一个生命的教育	978 - 7 - 5760 - 2623 - 8	44.00	2022 年 8 月
让每一个生命澄澈明亮:"小水滴"课程的旨趣与创意			
	978 - 7 - 5760 - 2601 - 6	54.00	2022 年 8 月
新劳动教育:时代意蕴与实践创新	978 - 7 - 5760 - 3702 - 9	58.00	2023 年 3 月

跨学科课程丛书

像博士一样探究:PHD 课程的创意与探索	978 - 7 - 5760 - 3213 - 0	52.00	2023 年 2 月

核心素养导向的课堂教学丛书

深度教学的内在维度:数学反思性学习的六个策略			
	978 - 7 - 5760 - 2590 - 3	36.00	2022 年 3 月
具身学习的 18 种实践范式	978 - 7 - 5760 - 2591 - 0	38.00	2022 年 6 月
课堂是照亮彼此的地方	978 - 7 - 5760 - 2621 - 4	46.00	2022 年 7 月
以学习为中心的课堂范型	978 - 7 - 5760 - 2622 - 1	42.00	2022 年 8 月
简练语文:教学主张与实践智慧	978 - 7 - 5760 - 2681 - 8	56.00	2022 年 9 月
课堂核心素养	978 - 7 - 5760 - 3700 - 5	48.00	2023 年 3 月

特色课程建设丛书

幼儿园特色课程的框架与实施	978 - 7 - 5760 - 2598 - 9	48.00	2022 年 3 月
课程是鲜活的:"大视野课程"的旨趣与活性	978 - 7 - 5760 - 2599 - 6	42.00	2022 年 7 月

指向核心素养培育的学校课程图谱 978 - 7 - 5760 - 2624 - 5 42.00 2022 年 7 月
让儿童生活在美的世界里：幼儿园全景美育的课程探索

978 - 7 - 5760 - 3552 - 0 44.00 2023 年 2 月

核心素养与学习需求:学校课程建设导引 978 - 7 - 5760 - 3848 - 4 52.00 2023 年 6 月

📖 课堂教学新样态丛书

课堂，与美最近的距离:基于学科核心素养的课堂教学变革

978 - 7 - 5675 - 7486 - 1 38.00 2022 年 4 月

协同教学:意蕴与智慧 978 - 7 - 5675 - 8163 - 0 48.00 2022 年 4 月

决胜课堂 28 招 978 - 7 - 5760 - 2625 - 2 52.00 2022 年 4 月

一百个孩子，一百个世界:基于差异的教学变革

978 - 7 - 5675 - 6754 - 2 42.00 2022 年 11 月

课堂如诗:"雅美课堂"的姿态 978 - 7 - 5675 - 7219 - 5 42.00 2022 年 11 月

在教室里眺望世界:基于 BYOD 的教学方式变革

978 - 7 - 5675 - 8247 - 7 52.00 2022 年 11 月

课堂教学的资源设计与方式变革 978 - 7 - 5760 - 3620 - 6 52.00 2023 年 2 月

📖 学校课程变革新取向丛书

平衡性变革:学校课程建设新取向 978 - 7 - 5760 - 3746 - 3 52.00 2023 年 5 月

解构性变革:学校课程发展的突破口 978 - 7 - 5760 - 3840 - 8 46.00 2023 年 6 月

赋权性变革:提升学科领导力 978 - 7 - 5760 - 3841 - 5 52.00 2023 年 6 月

📖 课程育人新坐标丛书

学校课程的统整之道 978 - 7 - 5760 - 3845 - 3 56.00 2023 年 5 月

教室里的课程 978 - 7 - 5760 - 3843 - 9 38.00 2023 年 6 月

儿童立场的课程探索 978 - 7 - 5760 - 3844 - 6 52.00 2023 年 6 月

童味园课程:这里有最难忘的童年 978 - 7 - 5760 - 3846 - 0 56.00 2023 年 7 月